C. CHABOT

MORALE

THÉORIQUE

ET

NOTIONS HISTORIQUES

Librairie HACHETTE & Cᵢᵉ

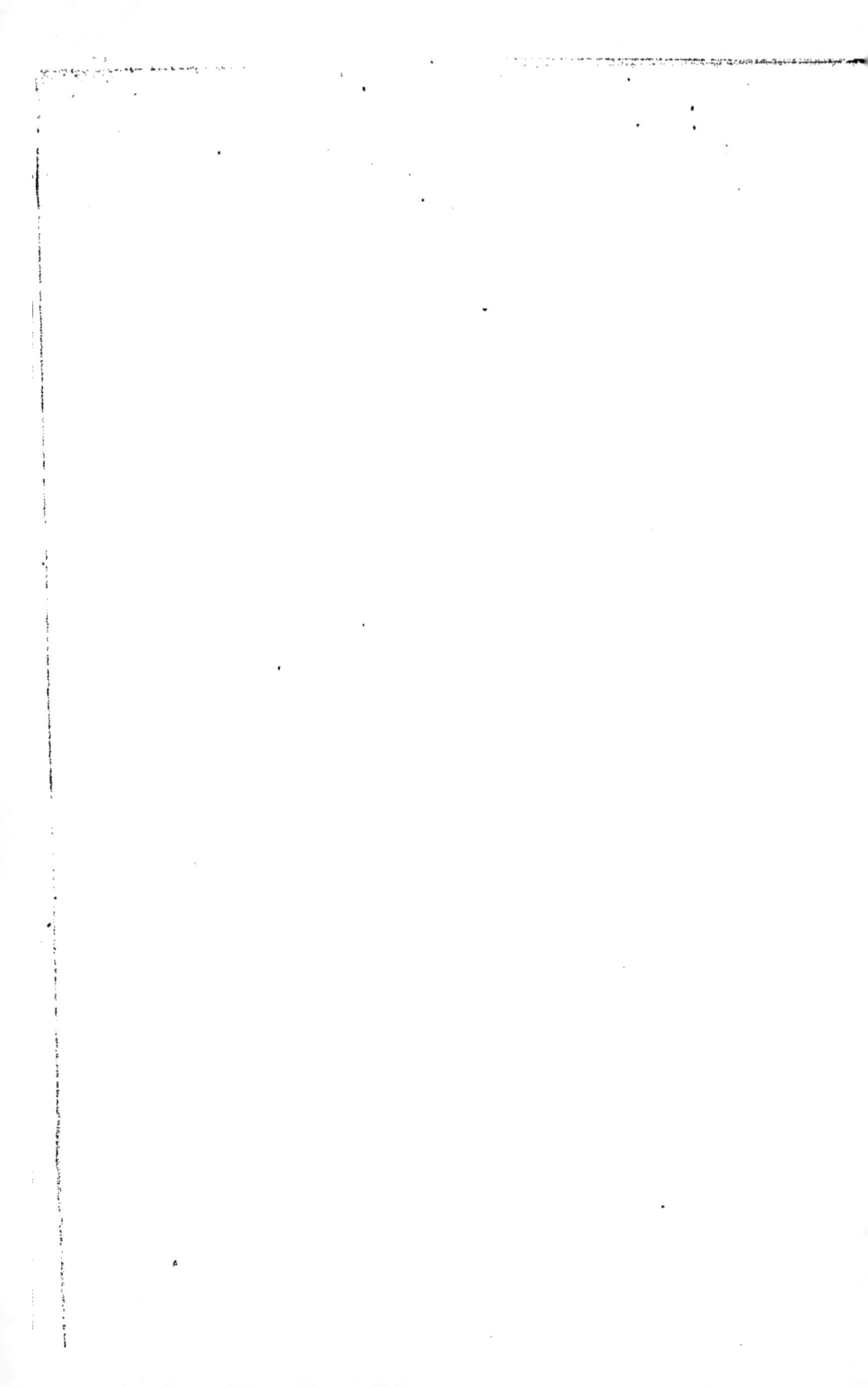

MORALE THÉORIQUE

ET

NOTIONS HISTORIQUES

8'R

28

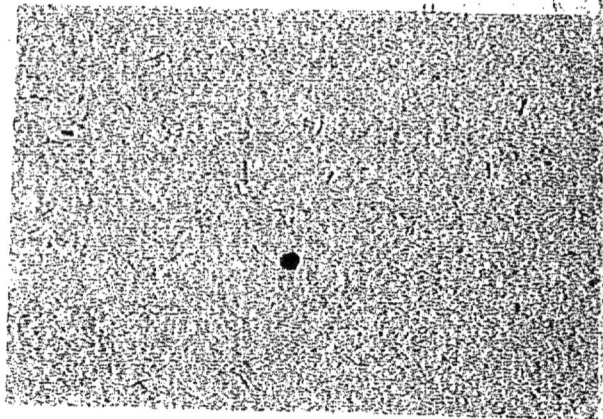

MORALE THÉORIQUE

ET

NOTIONS HISTORIQUES

Le *Cours complet de morale*, rédigé conformément aux programmes de l'enseignement secondaire des jeunes filles, 3e, 4e et 5e années, sous la direction de M. R. THAMIN, recteur de l'Académie de Bordeaux, comprend :

1° **Causeries de morale pratique**, rédigées conformément aux programmes de 3e année, par Mme TH. BENTZON, avec la collaboration de Mlle A. CHEVALIER. Un vol. in-16, cart.   3 fr.

2° **Morale théorique et notions historiques** comprenant : 1° *Un petit traité de morale théorique*; 2° *Des extraits des moralistes anciens et modernes*, rédigés conformément aux programmes de 4e année, par M. C. CHABOT, professeur à la Faculté des lettres de Lyon. Un vol. in-16, cart.   3 fr.

3° **Psychologie appliquée à la morale et à l'éducation**, rédigée conformément aux programmes de 5e année, par M. RAUH ancien maître de conférences à l'École Normale supérieure, avec la collaboration de M. REVAULT D'ALLONNES, professeur agrégé de philosophie à l'École Alsacienne. Un vol. in-16, cartonné.   3 fr.

242-17. — Coulommiers. Imp. PAUL BRODARD. — 5-17.

COURS DE MORALE A L'USAGE DES JEUNES FILLES

Publié sous la direction de M. Raymond THAMIN

MORALE THÉORIQUE

ET

NOTIONS HISTORIQUES

(Extraits des Moralistes anciens et modernes)

PAR

M. Charles CHABOT

Professeur à la Faculté des lettres de Lyon.

SIXIÈME ÉDITION, REVUE ET COMPLÉTÉE

LIBRAIRIE HACHETTE ET Cie

79, BOULEVARD SAINT-GERMAIN, PARIS

1917

PRÉFACE

Si ce petit livre peut aider celles qui s'en serviront à mieux comprendre l'enseignement de la morale qui leur sera donné, et surtout exciter en elles le goût de la réflexion puis de l'action morales, nous serons heureux de l'avoir écrit et récompensé au delà de la mesure.

S'il doit être pour elles ou pour la plupart d'entre elles un manuel qui sert à apprendre vite et mal de quoi répondre en classe ou à l'examen, un memento qui dispense ou même empêche de réfléchir et discrédite ainsi la morale — peut-être la moralité — ce sera une faute ou une maladresse de l'avoir écrit. La morale en effet n'est pas matière de memento ou de manuel : mieux vaudrait ne pas l'étudier que l'étudier ainsi; on garderait au moins, pour les heures de la vie où les questions morales s'imposent à la réflexion, toute la fraîcheur de son esprit et de sa conscience. L'ignorance vaut donc mieux là-dessus, et peut-être ailleurs, qu'un savoir tout livresque, ou plutôt, car cela ne saurait être un savoir, une récitation vite oubliée, que n'a jamais vivifiée la pensée personnelle et qui dégoûte de penser.

Et pourtant, il y a un bon enseignement et un bon usage du livre. Si le livre ne peut remplacer l'enseignement vivant, il y peut aider comme une lecture à côté. Loin d'être opposé aux leçons de la classe et de prétendre les remplacer, ou d'être un encombrement pour l'élève et pour le professeur, il doit fournir seulement un texte plus concis ou plus arrêté en ses formules. Surtout il doit, lui aussi, comme la leçon, faire penser et exciter à trouver, en proposant à l'esprit, à la conscience de l'élève, les réflexions d'un autre esprit, les suggestions morales d'une autre conscience. Qu'on ne l'ouvre pas si on attend de lui autre chose; qu'on le ferme s'il donne autre chose.

EXTRAITS DES PROGRAMMES OFFICIELS
DE L'ENSEIGNEMENT SECONDAIRE DES JEUNES FILLES
(QUATRIÈME ANNÉE)

Morale théorique et notions historiques

I

La conscience morale et l'idée du devoir.

Part à faire au sentiment, à l'intérêt et au désir du bonheur dans la vie morale. — La vertu.

La responsabilité morale. — Les sanctions morales.

L'idée du droit. — La personne humaine et ses principaux droits.

II

Les grandes idées morales et les grands moralistes; lecture et commentaire de passages choisis de leurs ouvrages.

Moralistes anciens.

Socrate : les lois non écrites; la famille; le travail, la Providence.

Platon : le sentiment de l'idéal, la justice, le châtiment.

Aristote : la vertu et le bonheur; l'amitié; les vertus pratiques; l'éducation.

Les Stoïciens : Épictète, Marc-Aurèle : le devoir, la liberté, la force d'âme, l'amour des hommes.

Moralistes modernes.

Montaigne, Descartes, Pascal, Bossuet, Nicole : pages choisies.

La philosophie morale au XVIIIᵉ siècle : le droit; la justice; la tolérance.

Kant : le devoir absolu; le respect; la personne morale; le mensonge; les croyances nécessaires impliquées par la vie morale.

La philosophie morale au XIXᵉ siècle : l'humanité; la solidarité.

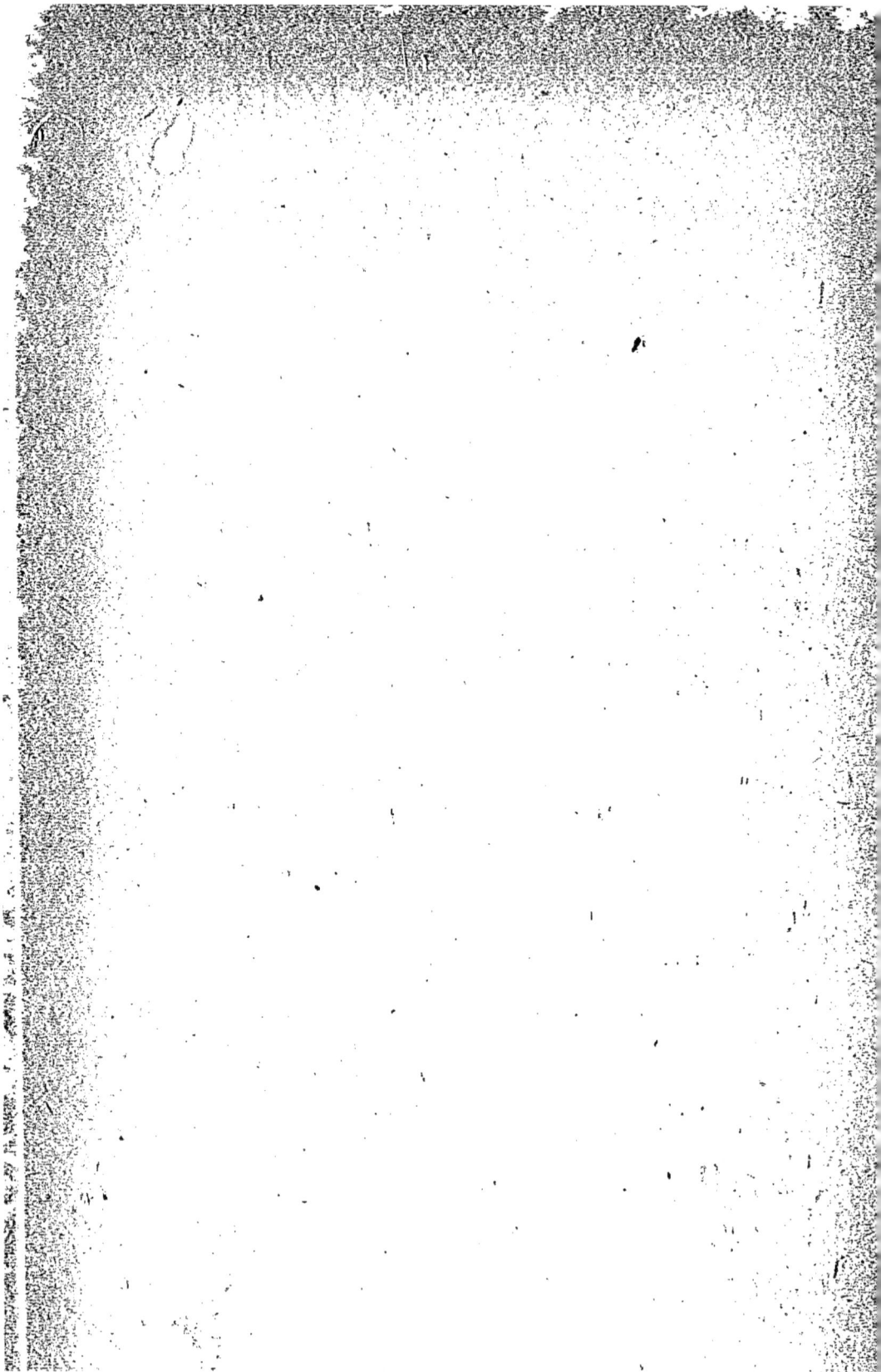

PREMIÈRE PARTIE

MORALE THÉORIQUE

LEÇON I

Définition de la Morale théorique.

L'éducation de la famille et celle de l'école, dirons-nous à une élève de Quatrième année, vous ont appris et vous apprennent chaque jour vos devoirs. L'étude de la morale pratique vous a portée à réfléchir pour les classer et les analyser. Cette réflexion en appelle une autre dont l'idée s'est plus d'une fois sans doute présentée, imposée peut-être à votre esprit. Pourquoi les devoirs sont-ils ainsi classés? Comment sont-ils rattachés les uns aux autres? Chaque devoir commande d'obéir à sa conscience, de faire le bien ou de bien faire : Qu'est-ce que la conscience? Qu'est-ce que le bien? Qu'est-ce que le devoir lui-même?

Le bien, le devoir, la conscience sont des autorités incontestables; mais il ne suffit pas de leur accorder un respect de convention et une vague confiance. Il

1

faut y penser de son mieux, avec toute la force de son
esprit, pour leur obéir de tout son cœur et avec toute
sa volonté. C'est ce que vous avez déjà pressenti
quand vous avez prolongé seule, en vous-même, la
réflexion que la classe avait commencée, quand un
deuil ou un malheur vous a inquiétée sur le sens de
la vie, quand vous avez songé aux grandes fautes
ou aux grands héroïsmes, surtout peut-être à ces
héroïsmes obscurs dont l'idée remue l'âme tout entière.

En un mot, vous avez déjà pensé aux *principes* de
la vie morale. L'étude méthodique de ces principes,
c'est ce qu'on appelle la *morale théorique*. Mais peut-
être plus d'une fois, au seuil de cette analyse, avez-
vous eu peur qu'elle n'en vînt à ébranler votre assurance naturelle, et porter le trouble, le doute dans
votre conscience au lieu de l'affermir. Ne voit-on pas
de ces âmes qui se perdent en réfléchissant trop, et
qui, de ces analyses et discussions sur le devoir,
reviennent tout inquiètes et comme désorientées,
découragées de l'action? Cela est vrai, et il faut les
plaindre, encore que le doute loyal et l'inquiétude
consciencieuse aient une haute valeur morale; mieux
vaut cette angoisse que la torpeur ou une orgueilleuse
assurance. Mais si l'on s'égare, c'est bien plutôt faute
de réfléchir assez ou de réfléchir avec méthode; car
la réflexion doit trouver au fond de la conscience la
certitude de la raison.

Si l'étude de la morale théorique n'a pas toujours
l'intérêt et le profit qu'il faudrait, c'est que la réflexion
reste superficielle ou qu'elle est mal dirigée. Les

uns esquivent à tort les grands problèmes qui tôt ou
tard se poseront à la conscience. Un esprit cultivé
n'échappe guère de nos jours à la nécessité de philosopher, et doit en avoir le courage. Que vaudraient
les principes de vie morale qui risqueraient d'être
ruinés par l'examen d'une conscience plus exigeante?
Dût notre réflexion s'avouer insuffisante, dût notre
raison reconnaître sa limite et la supériorité de l'instinct ou du sentiment, il faudrait encore raisonner
et réfléchir, puisque c'est le seul moyen de nous
mettre d'accord avec nous-mêmes. « Travaillons à
bien penser, dit Pascal, c'est le principe de la
morale. »

— Mais il faut bien penser : or, d'autres attendent de
la théorie et de l'analyse plus qu'elles ne peuvent
donner. La morale théorique n'est pas suffisante à la
pratique, ni même rigoureusement nécessaire. La
réflexion découvre le principe de la moralité qui est
la raison même : elle ne le produit pas. Et l'analyse
nous laisse déçus et désemparés si elle cherche au-
dessous de la raison les éléments de la morale. C'est
alors qu'elle conduit au scepticisme ou au décou-
ragement.

LEÇON II

La conscience morale.

1° *Différence entre la conscience morale et la conscience psychologique*. — Avoir conscience de soi-même, c'est s'apercevoir de ce que l'on sent, pense ou fait : on perd cette conscience dans l'évanouissement, dans le délire, dans l'ivresse, dans certains cas de folie; c'est la *conscience psychologique*, ainsi appelée parce qu'elle permet d'étudier l'âme ou parce qu'elle est la vie même de l'âme : c'est un témoin ou un fait. Agir consciencieusement, obéir à sa conscience, c'est faire ce qu'il faut faire, ce que commande la loi morale. La joie de la conscience nous récompense d'une bonne action; son tourment, qui est le remords, nous punit d'une mauvaise action; telle est la *conscience morale* : c'est un maître et un juge.

Cette distinction est nette, et tout le monde la comprend; elle trouve son application dans des exemples de chaque jour. Encore faut-il l'y chercher, et s'exercer chaque jour à démêler en soi les renseignements de la conscience psychologique et les appréciations de la conscience morale. On ne comprendra rien en psychologie ni en morale sans cet apprentissage et cette discipline. Il faut réfléchir : la leçon de morale théorique ne peut aller ici sans le précepte de pratique morale. Faudra-t-il donc s'y appliquer à tout instant et s'en tourmenter partout, chez soi et hors de chez soi, du matin au soir? Faudra-t-il, à force de réfléchir, n'apporter à la vie extérieure et sociale, à l'action même qu'une attention distraite et toujours prête à se retourner vers le dedans? Faudra-t-il, tout au moins, réserver des heures fixes pour cette gymnastique d'analyse intérieure, et consigner sur un cahier ses observations ou découvertes? Rien de tout cela, rien surtout d'artificiel : l'étude de la morale ne réclame pas une monomanie, et la vie consciencieuse n'est pas une inquiétude perpétuelle; l'état de *scrupule* n'est pas la santé morale ni la vertu. Il faut vivre, sinon comme tout le monde, du moins avec tout le monde, de bon cœur et avec bonne humeur. Mais il est facile de trouver du temps et des occasions pour l'examen de conscience [1]. Ces occasions sont plus nombreuses qu'on ne croit, et dans la vie de chaque jour; car elle n'est pas toute monotone, toute unie et plate, comme si souvent elle paraît l'être. Bons mouvements ou défaillances, accès d'irritation ou de paresse, élans de pitié ou d'indignation, lectures ou paroles suggestives; il y a en nous et autour de nous des reliefs et des ressauts qui nous invitent à la réflexion et s'offrent comme des problèmes. La leçon de morale, en particulier, doit fournir une de ces occasions. Dans tous les cas,

1. Cf. *Causeries de morale pratique*, p. 266.

l'habitude de s'examiner à la fin de la journée, sincè-
rement et brièvement, comme l'ont recommandé le
Stoïcisme et le Christianisme, est toujours possible à
chacun de nous et suffisante, nécessaire aussi; elle
éclaire et élève l'âme, sans troubler la vie.

On pourra donc, et on devra apprendre à se connaître et à se juger. On comprendra ainsi en quoi
diffèrent la conscience psychologique et la conscience
morale, l'analyse qui démêle ce qui est et l'ordre qui
prescrit ce qui doit être. Mais il sera plus malaisé sans
doute de saisir le lien qui unit ces deux formes de la
conscience, puis le rapport de la conscience morale
avec la loi du devoir et l'idée du bien. Ces deux points
sont essentiels.

2° *Rapports entre la conscience morale et la conscience
psychologique.* — Tout d'abord, qui voudra apprécier
ses actions, mesurer l'étendue d'une faute, démasquer
la fausse conscience et les mensonges de l'égoïsme,
qui voudra redresser pour l'avenir sa ligne de conduite
et fixer son devoir, celui-là devra analyser des faits
intérieurs, porter un regard clair sur ses pensées,
désirs ou habitudes; et il ne fera œuvre morale qu'en
faisant d'abord œuvre de curieux et d'observateur. La
clairvoyance de sa conscience psychologique sera la
condition de la rectitude de sa conscience morale; si
on se trompe sur soi-même, on se juge mal et on se
dirige mal. Réciproquement, si l'on n'est pas sincère,
sévère, consciencieux en un mot dans cette analyse,
on manque la vérité : la faute d'une conscience
entraîne l'erreur de l'autre.

Voilà une relation étroite, une véritable solidarité.
Ne faudrait-il pas dire, malgré les différences indiquées et qui subsistent, qu'il n'y a qu'une conscience,
tantôt *théorique*, tantôt *pratique*, mais une et identique
au fond? C'est ce que suggère le langage ordinaire, et
même, souvent, le langage des philosophes. Ne dit-on
pas d'un homme qui à la fois se connaît et sait se
conduire : c'est une conscience! Socrate, qui est le
fondateur de la morale, n'a-t-il pas résumé toute la
morale en ce précepte : connais-toi toi-même? Et ne
peut-on dire, aujourd'hui encore, que la morale n'est
que la psychologie appliquée? Connaître la nature de
l'âme, les lois du développement de nos facultés et
de leurs relations, comprendre en particulier les conditions du plaisir qui n'est rien sans l'activité, la
hiérarchie des sentiments qui va de l'égoïsme au
besoin d'idéal, le jeu des opérations intellectuelles
qui ne s'explique que par l'effort de la raison, l'opposition entre le désir qui est aveugle et la volonté qui
est la raison agissante, n'est-ce pas poser la subordination naturelle du désordre des appétits à l'unité de la
raison, c'est-à-dire précisément la loi morale? N'est-ce
pas découvrir le sens même de notre nature et la fin à
laquelle l'homme est destiné? Pour parler un langage
moins abstrait, celui qui s'interroge, s'observe et arrive
à voir clair en soi-même n'aperçoit-il pas du même
coup l'ordre qui devrait y régner et la loi de sa conduite? Avoir conscience de l'action qu'on a faite, en
comprendre le sens, n'est-ce pas en même temps la
juger et en avoir la joie intérieure ou le remords?

Bien voir la portée de ce qu'on va faire, n'est-ce pas sentir la règle du devoir? Enfin, se connaître, n'est-ce pas déjà être meilleur puisqu'on établit la paix en soi? N'est-ce pas, comme dit Socrate, l'ignorance de soi qui est la vraie faute, et la vertu est-elle autre chose que la science, entendons la science de l'homme et de soi-même? En prenant les choses ainsi, il n'y aurait donc qu'une conscience, à la fois psychologique et morale.

Cette idée, trop simple, n'est qu'à moitié juste. Il est très vrai qu'il faut se connaître pour connaître la loi morale, car c'est au dedans de nous que nous la découvrons. Mais il ne suffit pas de s'étudier pour devenir meilleur; et il y a des braves gens, fort peu cultivés, qui sont moralement supérieurs à de savants psychologues. S'analyser en curieux, par une réflexion très subtile, comme on ferait d'un insecte que l'on examine au microscope, c'est exercer la conscience psychologique, ce n'est pas nécessairement raffermir ou même éclairer la conscience morale. Ceux qui savent le mieux dessiner leur portrait moral ne sont pas toujours les plus beaux exemples de vertu, ni même les juges les plus sévères de leurs actions; le cardinal de Retz s'est analysé aussi bien que Marc-Aurèle. Il y a donc quelque chose de plus ou d'autre dans la conscience morale. Quand on les rapproche jusqu'à les confondre, on sous-entend trop facilement, avec la connaissance de soi, une appréciation qui semble naturelle au sens commun, mais qui peut manquer. On peut se contenter d'analyser pour eux-mêmes des faits intérieurs, sans les rapporter à une règle, sans en rechercher la valeur; on peut constater ce qui se passe sans penser à ce qui devrait être. Si rare que cela soit, et si odieux, on peut raconter et expliquer ses fautes, ses crimes même, comme on décrit et explique les mœurs d'un animal ou d'une plante; la conscience psychologique se borne parfois à cette analyse empirique.

Voici pourquoi l'appréciation de la conscience morale paraît s'y joindre naturellement. Se connaître vraiment, cela veut dire aussi connaître en soi l'homme et ce qu'il est dans l'univers, dans la hiérarchie des êtres, au-dessous de l'ange, au-dessus de la bête, pourrait-on dire avec Pascal. C'est saisir non plus l'ordre dans lequel les faits se succèdent, mais l'ordre dans lequel s'harmonisent les êtres et leurs actions; non plus la succession des causes et des effets, mais le sens des rôles et des destinées; non plus *comment* nous vivons, mais *pourquoi* nous sommes et ce que nous valons. Cela aussi est connaître l'homme, et se connaître soi-même. C'est se connaître comme un *sujet* qui pense et qui agit, non comme un *objet* et un mécanisme de phénomènes. C'est la connaissance philosophique, qui saisit les choses dans leur ensemble ou le moi dans son acte; supérieure, étant d'un autre ordre, à la connaissance scientifique qui s'attache au détail positif et aux faits précis. Ainsi nous trouvons en nous de quoi nous dépasser nous-mêmes et nous élever au-dessus des faits. La conscience psychologique n'est pas tout empirique, et limitée à la constatation de ce qui se passe; elle est encore et au

moins l'affirmation du sujet vivant que nous sommes
et qui refuse, même en s'étudiant, de se réduire à
l'objet de son étude. Ne va-t-elle pas plus loin que
cette affirmation même? En tout cas, aller jusque-là,
c'est déjà trouver en soi la raison, la liberté, les conditions de la moralité enfin.

Toutefois, cette conscience est toujours la réflexion
sur ce qui est, non sur ce qui doit être ou qui devait
être. Affirmer la loi idéale des actions, concevoir ou
sentir, avant ou après l'acte, l'ordre idéal que la
raison réclame pour la discipline de notre nature,
c'est le propre de la conscience morale, qui reste
ainsi, malgré leurs relations, distincte de la conscience
psychologique. Elle en diffère comme le sentiment de
l'idéal diffère de la connaissance ou de l'affirmation
du réel, quels que soient leurs rapports et le naturel
effort qui soulève le réel vers l'idéal, je veux dire le
sujet raisonnable vers le bien que réclame la raison.

LEÇON III

Données de la conscience morale.

Analysons maintenant la conscience morale. Lisons, ou relisons la belle et célèbre apostrophe de Rousseau : « Conscience ! Conscience ! instinct divin, immortelle et céleste voix... » ; ne dirons-nous pas avec lui : « Nous pouvons être hommes sans être savants ; dispensés de consumer notre vie à l'étude de la morale, nous avons à moindres frais un guide plus assuré... » ? Et ne voilà-t-il pas de quoi justifier tous ceux et toutes celles qui ont peu de goût pour l'étude abstraite de la morale ? Si nous avons en nous un « juge infaillible du bien et du mal », et s'il suffit de « fuir le monde et le bruit » pour écouter en soi la voix de la nature, à quoi bon tous nos efforts d'analyse et de raisonnement et notre prétention d'enseigner la morale ?

Mais Rousseau, qui sait si bien séduire la générosité de notre cœur et la paresse de notre esprit, est trop confiant en la nature et trop heureux de discréditer les philosophes. Consultons, comme il dit lui-même, la nature, et prenons — il y faut déjà tout notre effort — la conscience toute seule et toute simple. Que nous dit-elle sur le bien et sur le mal ? Suffit-elle toujours à nous conduire et à tout juger ?

En un sens, oui ; en un autre, non. Il faut distinguer.

1° *Théoriquement*, avons-nous une intuition, c'est-à-dire une *connaissance* immédiate et claire du bien, qui nous dispenserait de raisonner sur le bien et sur le mal ? Platon l'a pensé, et beaucoup d'autres après lui ; mais il ne l'attribuait qu'à certaines intelligences d'élite et longuement préparées à cette contemplation de la divine lumière. Quand on fait appel aujourd'hui aux intuitions de la conscience, on attribue à chacun de nous, et non aux philosophes seuls, cette vision intérieure du bien. On écarte seulement comme indignes ou incompétentes les consciences abolies, obscurcies ou faussées, c'est-à-dire non seulement celles des aliénés, mais encore ces consciences dégénérées qui, endurcies au vice ou simplement habituées au mensonge intérieur, à la paresse, à la lâcheté, ne savent plus discerner le bien du mal. En effet, pas plus pour le monde moral que pour le monde physique, il ne faut demander une exacte vision des choses aux infirmes et aux malades, et l'habitude de se mentir à soi-même produit une déformation, une anomalie du sens moral.

Mais, dans l'état de santé avons-nous vraiment un sens qui nous révèle le bien comme la vue nous révèle les couleurs ? Que chacun, aux heures de sérénité et de lucidité morales, cherche en soi cette lumière qui éclaire tous les hommes ; qu'il se livre simplement, franchement, avec toute son âme, à cette contemplation ; qu'il fixe, si possible, son regard sur la perfection, il pourra par de longues méditations

s'en donner une intuition personnelle; mais qu'il
essaye de définir ou décrire le bien, comme il ferait
d'une réalité sensible ou d'une figure géométrique,
d'un *objet* enfin posé devant les yeux de l'esprit. Il n'y
réussira pas. Personne ne réussit à proposer une
formule où chacun reconnaisse son intuition du bien.
Nous nous accordons sur une idée géométrique, non
pas sur l'idée du bien. Nous n'avons donc pas une
connaissance naturelle et infaillible. Nous affirmons
tous *que* le bien existe; mais cette commune et instinctive assurance, qui est la conscience elle-même, n'est
pas une connaissance positive de tout *ce qu'est* le bien.

2° *Pratiquement*, que se passe-t-il? Nous jugeons les
actes de nos semblables et les nôtres; nous avons
tous, avant d'agir, l'idée d'un bien à faire, d'un mal à
éviter. Et nous ne pouvons mieux faire, sur le moment,
que d'obéir à cette idée, c'est-à-dire à notre conscience,
et cela suffit. Mais trouvons-nous là une intuition universelle et infaillible? Voyez quelle diversité, parfois
quelles contradictions dans ces jugements, et comment
les mêmes actes (suicide, intolérance, vengeance, etc.)
sont honnis par les uns, glorifiés par les autres. Ceux-ci
ont tort, sans doute; mais on reconnaît qu'on ne saurait
attribuer à tous une même et immédiate connaissance
du bien. Voyez encore combien de décisions embar-
rassent notre conscience, combien de fois, très sincè-
rement, nous cherchons de quel côté est le bien, très
résolus à marcher, très inquiets de ne pas voir la
lumière. S'agit-il du choix d'une carrière, d'un
mariage, de l'éducation d'un enfant, d'une œuvre de

justice, d'assistance sociale, de patriotisme, etc.: nous ne demandons qu'à faire le bien, mais notre conscience ne nous dit pas nettement ce qu'il faut faire. Et nous réfléchissons, comparons, discutons, demandons conseil, tourmentés de ce problème, souvent contraints d'agir avant de l'avoir résolu. Ainsi se posent les *cas de conscience*, loyalement examinés par certains moralistes comme les Stoïciens[1], tandis que d'autres, les casuistes du xvi⁰ siècle[2], ont discrédité la casuistique en l'accommodant à un intérêt politique. En tout cas, personne n'a formulé des solutions définitives, parce que la vie renouvelle tout, et les difficultés même. Si la conscience est un guide infaillible, ce n'est donc pas qu'elle soit une connaissance positive, universelle du bien.

C'est, sans doute, qu'elle est un *sentiment*, une intuition du *cœur*. Le bien, comme Dieu suivant Pascal, est sensible au cœur. C'est cet instinct naïf, mais impeccable, que Rousseau, avocat passionné de la nature, opposait aux disputes des raisonneurs. *Sentiment moral* n'est-il pas en fait synonyme de conscience, et n'est-il pas vrai que nous *sentons* toutes les choses morales avant de les définir ou sans pouvoir les définir? Nous échouons à traduire en une formule l'essence du bien; mais un élan nous emporte vers le bien sans jamais nous égarer, et les joies de l'enthousiasme moral ne nous trompent pas, ni les généreuses douleurs de l'indignation. Pratiquement

1. Voir Thamin, *Un problème moral dans l'antiquité*.
2. Voir Pascal, *Provinciales*.

surtout, au moment d'agir, nous sentons de quel
côté est le bien; après l'action nous éprouvons une
jouissance ou une souffrance qui se distinguent de
toutes les autres et nous disent sûrement si nous
avons bien ou mal fait. De même pour les actions
d'autrui : nous sommes émus d'une sympathie res-
pectueuse qui peut aller jusqu'à l'admiration, ou
saisis d'une répulsion que le crime change en
mépris. Voilà la conscience; et c'est parce qu'elle
est un sentiment qu'elle peut être commune à tous
les hommes. Il n'est pas possible à tous, ni même
souhaitable, d'être savants; mais l'instinct du bien
existe chez tous, jusque chez les plus humbles et les
plus ignorants, plus impérieux même et plus assuré
chez eux parce qu'ils sont plus près de la nature,
moins pervertis par l'analyse. « Le cœur a ses raisons, que la raison ne connaît pas », et les *saints* n'ont
pas à rendre compte aux *sages* de leurs inspirations.

Pourtant, ce sentiment du bien est variable comme
l'idée; et les mêmes exemples qui nous montraient les
contradictions des jugements moraux révèlent celles
des sentiments; les mêmes cas de conscience trahis-
sent les défaillances de cet instinct que l'on dit infaillible. Ne pensons-nous pas du reste qu'il y a un progrès de la conscience morale, et que la conscience
moderne — sinon toujours la conduite, — est supérieure
à celle des anciens? Si les « raisons » du cœur ne
sont pas des raisons plus hautes, plus raisonnables en
un sens, qui les distinguera des caprices, des appétits,
des emportements de la passion, et qui voudra y voir

la règle universelle, présente et vivante en chacun de nous? Tout cela n'est-il pas fait pour ébranler notre confiance en l'infaillibilité du sentiment aussi bien que de l'intuition, et nous obliger à y reconnaître une œuvre de réflexion, plus ou moins bien fixée sur certains points par l'habitude?

Mais que nous reste-t-il donc pour nous guider; à quoi nous fier si la conscience nous fait défaut? La conscience même nous reste, et c'est elle qui nous guidera, savante s'il se peut, ignorante au besoin. Elle ne nous fait pas connaître le bien comme un objet physique ou mathématique; elle n'est pas un sentiment simple auquel il serait commode de s'abandonner; mais elle est aussi universelle qu'une vérité de la raison, aussi indéracinable qu'un instinct. En réalité c'est la raison elle-même, mais la *raison pratique*, c'est-à-dire appliquée aux actions; et c'est pourquoi elle paraît être tantôt une connaissance, tantôt un sentiment, sans qu'on la puisse réduire à l'un ou à l'autre. Ce n'est pas la connaissance totale d'un objet, et nous ne pouvons toujours dire précisément *ce que* le bien est; c'est pourtant une certitude, et nous tenons pour évident *que* le bien est, et qu'il y a d'un côté le bien, de l'autre le mal. S'il s'agit de le définir nous ne nous entendons pas toujours; s'il s'agit de l'affirmer nous sommes d'accord, et nous voilà pleins d'assurance. Ainsi s'expliquent les contradictions des intentions morales, qui portent au scepticisme, et la solidité inébranlable de l'affirmation morale qui décourage le scepticisme.

De même, étant la raison *pratique*, elle se présente presque toujours comme un sentiment. Ce sont des émotions qui révèlent à l'enfant sa conscience et la rappellent à l'adulte. Mais un sentiment ne va pas sans une idée, au moins latente; et cette idée permanente, obstinée, invincible et universelle qui soutient le sens moral, c'est la raison. Universelle et impérieuse, la conscience paraît être un instinct; mais si elle parle en maître, elle aussi, c'est à la façon de la raison qui commande, non de l'instinct qui tyrannise.

Voilà expliquées les ressemblances, différences, relations entre ces termes, et dissipées nos inquiétudes. Il en reste une, pourtant. La conscience a-t-elle toujours parlé en maître, et ce que nous prenons pour une raison native et souveraine ne serait-il pas une habitude lentement fixée à travers l'histoire de l'humanité? N'est-ce pas la contrainte sociale qui impose à l'individu l'habitude de songer au bien d'autrui; et cette habitude transmise et consolidée de génération en génération, cet héritage de l'humanité passée que chacun de nous apporte en naissant, n'est-ce pas la conscience morale, et n'est-ce pas pour cela qu'elle ressemble à un instinct? Elle est une forme de la raison; mais la raison elle-même n'est qu'un instinct, c'est-à-dire une *habitude héréditaire*; elle est fille de la Cité, c'est-à-dire produit de la civilisation.

Là encore il y a une confusion. Ce qui est lentement acquis et fixé au cours des siècles, c'est ce que nous appelons les conquêtes de la conscience; c'est, par exemple, la détermination, toujours plus exacte

et plus précise, de la dignité, de la justice, de la
bienfaisance. Les anciens justifiaient l'esclavage qui
soulève aujourd'hui notre indignation; les barbares,
comme actuellement encore certains sauvages, hono-
raient leurs dieux par des sacrifices humains dont
la pensée nous révolte. L'habitude, progressivement
étendue et consolidée de s'abstenir de ces pratiques
est devenue un instinct chez l'homme moderne et
civilisé. Nous ne pouvons plus comprendre le bien
autrement, et nous travaillons à des progrès qui lais-
seront aux hommes de l'avenir des instincts meilleurs encore, une idée plus haute du bien. Mais ce
n'est pas toute la conscience qui est ainsi, étage par
étage, échafaudée; ou plutôt c'est la conscience elle-
même, je veux dire la raison qui, laborieusement,
pièce à pièce, édifie cette conception idéale du bien.
Elle n'est pas une simple résultante, un résidu d'actions sociales, un reflet en chacun de nous de l'autorité sociale. Certes, elle est stimulée, incessamment
renouvelée par la vie sociale, et cette excitation est
aussi nécessaire que féconde. Mais elle n'est ni com-
mandée, ni créée par la société. D'une part, en effet,
elle juge la société même dont l'influence morale est
tantôt salutaire, tantôt dissolvante; et il arrive qu'une
conscience se dresse, inébranlable et sacrée, contre
la puissance ou la corruption sociale, contre un préjugé universel. La conscience n'est donc pas le culte,
l'adoration de la Société. D'autre part, elle n'en est
pas un produit ou un reflet, car il n'y a pas de société
sans une raison plus ou moins obscure qui en tienne

groupés tous les éléments, et il n'y a pas de société
humaine sans une raison active qui domine les instincts animaux, c'est-à-dire sans une conscience. La
raison est mère de la Cité.

Concluons donc. Il y a quelque chose de stable dans
les jugements et sentiments moraux, et qui se retrouve
jusque dans leurs aberrations. Les anciens qui, comme
Aristote, tenaient l'esclavage pour légitime se trom-
praient, mais ils étaient consciencieux Les barbares
même, quand ils immolent pieusement des victimes
humaines, croient obéir à une loi supérieure; si
horrible que soit leur action, elle n'est pas bestiale,
et ce n'est pas un assassinat; ils sont consciencieux.
Voilà ce qui est universel et immuable; voilà ce qui
est en tout homme et qui l'éclaire, si fragile et vacil-
lante que parfois la lumière paraisse. La conscience
progresse en ce qu'elle s'enrichit d'idées plus claires
et plus justes sur le bien idéal, et ce progrès même
la rend de plus en plus exigeante; mais la conscience
est toujours cet effort vers le bien et cette raison de
tous les temps ou *raison pure* sans laquelle l'homme
n'existe pas. Si le *contenu* est variable, la *forme* reste
la même. S'il y a des consciences plus éclairées, toute
conscience sincère a le droit de compter; elle tend à
l'infini. En y reconnaissant ainsi une initiative de
conquête et un effort, au lieu d'un trésor une fois
donné, nous comprenons mieux son rôle avec ses
apparentes variations; et nous prenons de l'homme
une idée plus noble et plus haute, puisqu'il nous
apparaît comme l'ouvrier de son progrès.

LEÇON IV

L'idée du devoir.

Les définitions qui précèdent dominent toute la morale théorique. Il faudra les relire, et surtout y réfléchir si on ne les a pas bien saisies du premier coup. On reconnaîtra qu'elles permettent de comprendre en quoi diffèrent le devoir et le bien, et comment ils s'imposent ensemble, inséparables et solidaires.

Tout d'abord, on n'a pas à se demander si le devoir existe. Par cela seul que la conscience existe en nous et qu'elle est la raison même, nous sommes assujettis à la loi morale, à l'obligation. Être obligé, en effet, c'est être lié, non en fait mais en droit, rationnellement; c'est être idéalement tenu d'agir d'une façon en restant pratiquement libre d'agir autrement. Je dois payer ma dette, aimer mes parents et mes enfants, assister mon semblable, mon ennemi même; quoi que je fasse, je ne supprimerai pas le devoir, je ne me soustrairai pas à ce commandement parce que je ne me soustrairai pas à ma raison. Je pourrai désobéir, violer la loi; je ne la changerai pas, je ne ferai pas qu'elle ne soit pas la loi, ni ma loi. Suivant l'expression du grand moraliste Kant, le devoir est

un *impératif catégorique*, c'est-à-dire un commandement absolu, sans condition. Le devoir ne dit pas :
si tu veux être bien portant, heureux, estimé, il faut
agir ainsi, mais simplement : il faut agir ainsi. Il ne
dit pas : sois juste si tu veux qu'on te rende justice,
mais : Sois juste. C'est la vieille devise française :
Fais ce que dois, advienne que pourra. C'est le mot
de Corneille :

> Faites votre devoir et laissez faire aux dieux.

Ainsi, le devoir n'est ni une loi physique, ni une
loi sociale. La loi physique n'est qu'un fait constant,
une nécessité de la nature : les planètes gravitent
autour du soleil; le son ne se propage pas dans le
vide; le sang se régénère dans les poumons. De telles
lois ne sauraient être violées; si elles l'étaient, c'est
qu'elles ne seraient pas des lois, car elles ne sont pas
des commandements, mais des faits. Mais quoi! la loi
morale n'est donc pas une loi naturelle? Ici reparaît
l'équivoque déjà écartée à propos de la conscience.
La *nature* est-elle l'ensemble des faits qui se déroulent
nécessairement dans l'univers, hors de nous ou en
nous? Rien n'est plus absurde que d'y chercher le
devoir, car il n'est rien s'il n'est au-dessus des faits;
on ne commande pas de faire ce qui se fait tout seul
et *naturellement*. Appelle-t-on *nature* l'idéal d'un être
comme l'homme, son essence vraie, supra-sensible,
sa raison d'être? Alors, le devoir en est la plus saisis-
sante expression. Mais comment ne pas voir que ce
sont là deux sens opposés du mot nature? Si je suis

par nature sujet au devoir, c'est justement en tant
que j'échappe aux nécessités de la nature sensible.
La loi morale est donc tout le contraire d'une loi
physique.

Ce n'est pas non plus une loi sociale. Sans doute,
la société commande à l'individu; elle lui impose son
autorité en le laissant libre. Et le devoir, ajoute-t-on,
c'est la loi que nous donne la société au nom de la
tradition, au nom de son intérêt présent ou à venir,
au nom de l'humanité. Nouvelle équivoque. La société
est-elle seulement la masse des hommes dont la force
brutale peut me contraindre ou m'anéantir? Mais,
quelle que soit la solidarité qui nous tient unis, une
masse n'est pas une autorité; la protestation d'une
conscience, violente chez un révolté, résignée chez
un martyr, brise dans son triomphe même cette fragile ou plutôt apparente autorité; le devoir n'est pas
la loi du plus fort. La société est-elle un syndicat
d'intérêts garantissant à chacun par convention les
avantages d'une vie plus ou moins régulière ou civilisée? Mais le devoir n'est pas chose de convention
et toujours révocable; et l'intérêt du plus grand
nombre, s'il précède le devoir, n'est toujours que la
loi du plus fort. Enfin, la société est-elle une association de personnes, une union de consciences? En
ce cas, son autorité vient de la valeur de chacune de
ces consciences et de leur consentement; et c'est
en soi que chacune d'elles trouve la loi qui l'oblige.

Le devoir est donc supérieur à la nature et à la
société, à l'humanité même. Mais s'il est une loi

divine, ce n'est pas que Dieu nous en impose
l'accomplissement par sa toute-puissance. Je ne suis
pas obligé, mais contraint si je ne puis pas faire
autrement. Le devoir ne peut être une contrainte.
S'il vient de Dieu, c'est la conscience qui m'en donne
la révélation intérieure; et si elle révèle aussi Dieu à
bien des âmes, c'est du même coup, dans cette affirmation impérieuse d'un ordre transcendant. C'est
une loi supérieure et c'est ma loi, non seulement
parce qu'elle s'impose à moi, mais parce que je la
trouve dans la raison qui est en moi. Ainsi je suis, en
tant que raisonnable, législateur et sujet. C'est le sens
de l'*autonomie* morale. On l'entend mal si on comprend
que chaque sujet ne relève que de lui-même et s'érige
en absolu, ou oppose à toute *autorité* son droit de
citoyen, non seulement dans la cité positive, mais
dans la cité des esprits. Certaines formules kantiennes
peuvent prêter à confusion, quelle que soit la pensée
de Kant[1]. Et cette formule moderne encore est équivoque, d'après laquelle « chacun se fait librement
son idéal ». Chaque sujet est soumis à l'autorité de
la loi et du principe de la loi; sa raison qui la lui
révèle n'est pas toute la raison ni la raison souve-

---

1. Voici ces formules, souvent appelées maximes, que Kant a
données comme expressions pratiques du devoir.
1° Agis toujours de telle sorte que tu puisses vouloir que le
motif de ton action soit érigé en loi universelle.
2° Agis toujours de telle sorte que tu traites la personne
humaine en toi et dans les autres comme une fin, jamais simplement comme un moyen.
3° Agis toujours comme si tu étais législateur en même temps
que sujet dans la république des volontés libres et raisonnables.

raine. Mystère ou non, c'est un fait que la raison est
en chaque homme divine et humaine : si elle est ma
raison, elle me dépasse et me commande. Mais il reste
qu'on aurait tort, ici comme ailleurs, d'opposer la
vraie autorité à la vraie liberté. En obéissant à la
raison je ne peux pas ne pas vouloir cette obéissance
même et le bienfait de cette autorité; c'est en m'élevant à elle que je suis le plus moi, le plus libre. Et
l'autorité, qui ne saurait venir d'en bas, est la raison
supérieure mais aimante qui s'adresse à ce qu'il y a
de meilleur en celui qui doit obéir; en s'imposant à
lui elle lui révèle sa propre grandeur et l'élève à la
liberté. Que cette raison soit pratique ou théorique,
qu'elle règle les actions ou les pensées, je ne puis m'y
soustraire ni l'abolir en moi : et l'effort le plus déses-
péré du sceptique pour douter de tout, de la moralité
comme de la vérité, cet effort est encore un acte de
réflexion, c'est-à-dire de raison. L'idée du devoir
n'est pas une idée morte, ni qui puisse mourir. Elle
tient à la vie même de la raison.

Voilà comment la loi morale est à la fois humaine,
universelle, immuable, obligatoire. Essayez d'expliquer ces caractères en la considérant comme une loi
physique ou sociale, vous n'y pourrez réussir. Rap-
portez-les à la raison et à cette forme essentielle de la
conscience sans laquelle l'homme n'est pas l'homme,
ils se justifient ou plutôt ils s'imposent.

LEÇON V

L'idée du bien.

Telle est la tyrannie ou plutôt l'impérieuse majesté du devoir. Il faut obéir, agir par devoir, quoi qu'on fasse; voilà la première sinon la seule loi. Mais agir ainsi, c'est faire ce qu'il faut, c'est *bien* faire, c'est agir de *bonne* volonté, avec bonne intention, la bonne volonté n'étant que l'effort de la raison. Et voilà qu'apparaît non une intuition ou connaissance totale du souverain Bien, mais l'idée de bien, en même temps que celle de devoir, et aussi nécessaire. De plus, si je puis bien agir sans être savant, parce que l'ignorance ou l'erreur n'empêchent pas la bonne volonté, cependant, en agissant par devoir, je crois réaliser le bien, c'est-à-dire un ordre meilleur et plus rationnel. Si je me trompe sur le but, je n'agis pas sans but : la même raison qui impose le devoir propose un idéal du bien. Je croyais être juste et j'ai fait tort à mon semblable; je croyais l'assister et j'ai encouragé sa paresse. Sans doute j'ai agi par devoir, j'ai bien fait; pourtant il y a mieux à faire, puisque je me suis trompé. Avec la même bonne intention j'aurais mieux fait, étant plus instruit. Il y a donc quelque chose à savoir; il y a un bien que peut connaître l'intelligence, non pas avant mais suivant le devoir qui le réclame. Si la forme du devoir semble s'affirmer d'abord, elle ne peut rester

vide, sans contenu ; être obligé, c'est être, pour chaque
cas donné, obligé à quelque chose. Si elle peut s'appliquer aux objets les plus divers, elle ne s'y adapte
pas également : il y en a qu'elle éliminera, l'erreur
une fois reconnue. C'est ainsi que l'intolérance qui a
pu être pratiquée de bonne foi apparaît de plus en plus
comme contradictoire avec le devoir. Et il y a un objet
idéal que le devoir appelle parce qu'il est rationnel :
c'est le bien. On voit tout de suite qu'on ne saurait
le confondre ni avec le plaisir, ni avec le bien-être,
particulier ou général.

Dire que le plaisir est le bien sous prétexte qu'il est
la fin des êtres sensibles, c'est tout réduire à la sensibilité ; c'est nier la conscience en en faisant un instinct, plus ou moins subtil, mais toujours animal.
Rien ne vaut alors, en l'homme comme en l'animal,
que la satisfaction des appétits et des désirs, tous
légitimes, et dont le plus violent ou le plus actuel a le
plus de droits parce qu'il promet le plus grand plaisir ;
telle est bien la loi universelle de la sensibilité. —
Mais n'y a-t-il pas des plaisirs plus nobles, des plaisirs
supérieurs, comme le dit Stuart Mill ; et ne vaut-il
pas mieux être « un Socrate mécontent qu'un pour-
ceau satisfait » ? — Cela vaut mieux pour la raison,
non pour le plaisir, où la quantité seule importe, non
la qualité. — Mais ceux qui s'y connaissent, parce
qu'ils ont goûté à tous les plaisirs, ne préfèrent-ils pas
les jouissances de l'esprit et de la vertu ? — Non ; il
n'y a pas de compétence ni d'autorité qui tienne pour
moi devant le fait de mon plaisir, grossier ou non ; en

fait les hommes les plus cultivés ne choisissent pas toujours les plaisirs les plus relevés. Plus d'un homme de talent ou de génie s'est complu dans la sensualité; la plus haute société est souvent la plus pervertie : ainsi celle du xviiie siècle et, à certains égards, celle de notre temps. C'est une loi fatale; si le plaisir est le souverain bien, et la raison à son service, il n'y a ni dignité ni brutalité, ni pureté ni corruption; jouir est bon, rien ne prévaut contre le fait. Il n'y a plus de loi morale. Il y a des animaux plus ou moins nerveux, affinés et inquiets; il n'y a plus d'homme. Et c'est ce qui fait qu'aux heures de réflexion, dans le silence ou la fatigue des désirs, la vie de plaisir est si morne, si désespérée, si près du suicide, pour les sociétés comme pour les individus. C'est leurrer l'humanité que lui proposer le bien-être pour but.

L'homme apparaît, dira-t-on, et le bien de l'homme, avec la réflexion qui calcule et qui substitue le bonheur au plaisir, l'*intérêt* à l'appétit. C'est être homme que mettre de l'ordre dans sa conduite, sacrifier le plaisir du présent à celui de l'avenir et concevoir le bien de la vie tout entière. — L'homme seul en est capable, en effet; mais ce n'est pas encore le bien de l'homme. Le bonheur se résout ici en plaisirs, et c'est le plaisir toujours que l'on prend pour le bien. Si la raison a ici plus de place, elle n'a toujours, suivant le mot de Kant, que le rôle d'un intendant; l'homme que je suis est toujours au service de l'animal qui est en moi. En cas de conflit, c'est l'animal qui l'emporte; ainsi en est-il chez les égoïstes qui aménagent intelligemment leur vie. Sans doute, il arrive que la raison parfois l'emporte, car elle est faite pour régner, et elle rehausse ce calcul de quelque apparente dignité. Mais si, vraiment, l'utile reste le principe du bien, il n'y a pas plus de loi morale que dans le cas précédent. Comment obliger celui qui veut jouir dans le présent à sacrifier le présent à l'avenir? Comment imposer un choix entre les plaisirs? Intelligent ou non, le plaisir préféré reste le meilleur ou le seul bon. Et, en visant l'avenir, on s'expose à des maladresses, c'est-à-dire à des fautes et à des remords. Pour mieux dire, on n'est jamais sûr de n'être pas coupable, car il est impossible de calculer le plaisir futur : comment savoir si je serai plus heureux demain, ou même si je serai? Enfin, le plaisir obtenu ne vaut jamais le plaisir espéré ou imaginé, et cette intelligente organisation de la vie aboutit souvent au dégoût de la vie. On se trouve moins habile qu'on n'avait pensé ou qu'il ne fallait être; et la faute est irrémédiable. On manque donc le plaisir à force de le chercher; ainsi éclate la vérité, si bien vue par Aristote, que le plaisir n'est pas le but, mais l'accompagnement de l'action. Agissez en homme, obéissez à la raison, et vous aurez par surcroît le plaisir de la vie vraiment humaine. L'oubli de soi reste l'habileté suprême; ou plutôt, il n'y a pas d'habileté qui vaille, et il faut renoncer à être habile pour avoir les joies de la moralité.

Le bien sera donc non le bonheur de celui qui agit, mais celui des autres, de la société, de l'Humanité.

C'est encore l'intérêt, mais l'*intérêt général*, qui est le principe. Cette fois, le but est assez haut pour être, sinon tout le bien, du moins une partie du bien; la conscience y reconnaît un objet digne d'elle et un devoir de bonté; la raison y retrouve sa loi et un ordre intelligible où l'appétit individuel n'est plus le centre de l'univers. Mais ce n'est plus l'intérêt qui est le principe; c'est le désintéressement, l'oubli de soi, le *sacrifice* même que l'on commande à celui qui doit agir. Mais alors : 1° Il faut le faire franchement, sans prétendre que le bonheur de chacun est toujours d'accord avec le bonheur de tous et qu'il est habile de se dévouer; car rien n'est moins assuré que cette coïncidence quand on ne cherche que le plaisir : le sacrifice n'est que duperie. Que l'on me dise : c'est un devoir de donner votre fortune, votre labeur, votre vie pour les autres, soit; voilà une grande idée et qui peut me décider à un grand acte; j'y pourrai, *au surplus*, m'étant donné sans réserve, trouver la joie la plus pure. Mais que les autres, ou même l'humanité tout entière me disent : donnez votre vie pour nous, parce que c'est votre intérêt aussi bien que le nôtre; tout s'obscurcit, et je ne vois plus ni le plaisir ni le devoir.

2° Il faut savoir ce qu'on entend par le bien des autres ou de la société. Est-ce leur plaisir, leur bien-être, comme le veut la morale de l'intérêt? En ce cas, distinguons. Sans doute il faut soulager ceux qui souffrent, c'est-à-dire ceux qui n'ont pas les moyens de vivre ou la force d'agir. Mais s'il y en a qui souffrent faute de satisfaire leur paresse ou leur vice — et cela aussi est une souffrance — est-il bon que je leur procure ces jouissances en me les refusant, comme si, dégradantes pour moi, elles étaient salutaires pour eux? Est-il bon d'offrir à l'ivrogne, qui souffre de ne pas boire, toutes les joies de l'ivresse? Est-il bon, comme tant de parents semblent le penser, d'assurer à ses enfants en se tuant à la peine les jouissances d'une vie de luxe et d'oisiveté? Dira-t-on sur ces exemples que le mal, c'est la douleur des autres, et que le bien, c'est le plaisir des autres? Que l'on envisage, si l'on veut, au lieu de la génération présente ou prochaine, l'humanité future, l'idéal paraîtra plus haut étant plus éloigné : le principe ne sera pas plus juste. Si ce n'était pas une chimère, en quoi serait-il bon que se réalisât dans quelques centaines d'années une société éphémère d'heureux rentiers égoïstes (ils le seraient n'ayant pas à qui se dévouer), qui n'auraient qu'à jouir de ce que nos efforts, notre labeur, nos souffrances enfin leur auraient assuré?

Disons donc que si certains plaisirs sont bons parce qu'ils accompagnent le bien, le plaisir n'est pas le bien; car, pris comme principe, il est la négation du devoir. On a pu avoir l'illusion de les réconcilier en proposant un plaisir de plus en plus éloigné ou de plus en plus étendu, plaisir de l'avenir ou de toute la vie, plaisir d'autrui, de la famille, de la société, de l'humanité. Et en effet, à chaque étape, on se rapproche de la vérité parce qu'on fait chaque fois une part plus grande à la raison, lui offrant un idéal plus large, et qui, à la dernière, paraît reculer à l'infini; c'est ainsi que toutes les grandes morales semblent converger vers un même idéal. Ce n'est pas assez, malgré tout. Le bien ne rejoint le devoir que si la raison, non la sensibilité, est le vrai principe du bien comme du devoir. Il faut donc que le bien soit l'idéal de la raison même, c'est-à-dire l'état de perfection où elle serait souveraine dans chaque individu et, par suite, dans l'humanité ; ou mieux, c'est le progrès indéfini vers cette perfection, car notre destinée en cette vie n'est pas d'atteindre un état définitif, mais d'y tendre indéfiniment, de conquête en conquête.

Voilà pourquoi on place le bien dans la *dignité* ou valeur de la *personne* humaine, c'est-à-dire d'un être sensible, intelligent, raisonnable, libre, résumant et dépassant tous les autres êtres de l'univers, ou mieux dans une société de personnes s'élevant ensemble vers ce qui les dépasse elles-mêmes. La personne est ainsi une *fin en soi*, c'est-à-dire un but dont on ne saurait faire un simple moyen pour d'autres fins. Le devoir s'impose donc dès que la raison apparaît ; et le bien se réalise à mesure que la raison triomphe, discipline la nature donnée et réalise une nature plus haute. Si nous ne concevons pas toujours le bien du premier coup ; si la vérité, là comme ailleurs, est progressivement conquise à travers des erreurs répétées, la pratique du devoir est toujours possible, et l'homme est plus grand à conquérir la vérité qu'à la recevoir toute faite. Le progrès s'accentue de génération en génération, et, à travers la diversité des idées morales, paraît bien s'enrichir le patrimoine des vérités déjà

fixées, et se dessiner la convergence des consciences
humaines, qui, petit à petit, tendent à une même
conception du bien.

C'est seulement grâce à cette conception rationnelle
que coïncident, non par accident mais par nécessité,
le bien de l'individu et celui de l'humanité. L'homme
qui obéit à la loi morale et établit en soi le règne
de la raison contribue par là même au bien de l'humanité ; car la raison, vrai lien des hommes, réclame
de chacun non le culte du *moi* qui le rabaisse, mais
l'amour, le dévouement qui le grandit ; elle exige
qu'il s'élève en s'oubliant, et qu'il aide ses semblables
à vivre en hommes. D'autre part, celui qui se propose
vraiment le bien de l'humanité ne peut pas y travailler
sans établir en soi le règne du devoir, sans réaliser
son propre bien et la plénitude de sa vie d'homme.

Ainsi enfin, l'homme, affranchi par la discipline du
devoir, se montre fidèle à sa nature supra-sensible et
à sa destinée ; car la raison qui est en lui le dépasse
et le rattache au principe de toutes choses. Il s'immortalise, comme dit Aristote. Exaltant ce qu'il y a
de meilleur et de divin en soi, il se hausse vers la
source divine de toute perfection. Dans son bien, idéal
de l'humanité, il retrouve ou plutôt il découvre le
Bien, dont il prend une idée sinon totale, distincte et
infaillible, du moins positive, légitime. Le Bien absolu
est sans doute — nous ne saurions le concevoir
autrement — la source de tout bien et du nôtre
propre ; mais c'est par notre bien que la raison le lui
révèle, et la conscience mène à Dieu.

LEÇON VI

Rôle du Sentiment dans la vie morale.

Mais ne craint-on pas, en opposant le devoir à la nature, de le rendre impraticable, et, en plaçant si haut et si loin le principe du bien, de le rendre inaccessible? La nature n'a-t-elle pas ses droits? Ou plutôt, le sentiment, l'intérêt, le plaisir même ne sont-ils pas des motifs très ordinaires de nos actions, et avec lesquels il faut compter? Que gagne-t-on à présenter la moralité comme si difficile qu'on ne sait plus si une seule action morale a été jamais accomplie?

Aussi n'avons-nous rien dit de tel. Le devoir ne s'oppose à la nature, le bien au plaisir ou au bonheur que si l'on prend le bonheur, le plaisir, la nature enfin comme principe, parce que cette subordination du bien et du devoir est leur négation même. Au contraire, que la raison soit reconnue comme souveraine, la contradiction disparaît. Subordonnée au devoir, la nature n'est pas nécessairement sacrifiée, mais disciplinée et enrichie; le bonheur et le plaisir même, qui ne sont pas le bien, redeviennent légitimes comme conditions ou excitants de l'activité morale, comme éléments ou accompagnements du bien.

Proposer le sentiment comme principe, c'est sup-

3

primer toute loi; choisir entre les sentiments et ne
garder comme règle que les plus élevés (sympathie,
bienveillance, amour de l'humanité, sens moral), c'est
déjà prendre la raison pour juge et pour principe.
Voilà pourquoi toutes les morales du sentiment ne
sont que des morales de la raison inconséquentes.
Il en faut seulement retenir cette idée, que le sentiment a sa place en morale. Et, en effet, le devoir sec et
froid n'a guère chance d'être pratiqué par la moyenne
des hommes, ni même par l'élite. Nous ne sommes
pas de purs esprits. Si nous l'étions, nous n'aurions
pas de devoirs; et l'action réclame la chaleur, la vie,
l'amour; il faut aimer le bien pour bien faire; ceux
qui ont donné les plus grands exemples, les héros
de la moralité, ne sont-ils pas ceux qui l'ont aimé
jusqu'à l'enthousiasme et à la passion? C'est qu'il y
a en nous, *la loi du devoir une fois posée*, des sentiments naturels, plus nombreux et plus vifs qu'on ne
pense, qui nous portent à lui obéir; le sentiment ne
devient illégitime que s'il nous fait oublier la loi.

Et d'abord, il y a ce *respect*, dont Kant a si bien
parlé, tout en l'opposant trop aux autres sentiments,
et qui n'a d'autre objet que la loi elle-même. Si cette
loi est notre loi, expression de notre volonté vraie
et de notre raison, comment ne l'aimerions-nous pas
en la respectant? Supérieure à nous, elle est pourtant
nôtre, et nous ne pouvons pas nous incliner devant elle
sans l'aimer. N'est-ce pas elle qui nous assure de notre
valeur et nous révèle notre dignité? Ce respect, qui
paraît un peu froid et comme distant, est pourtant

plus efficace qu'on ne pense, et déjà chez l'enfant quand il est soutenu par l'exemple. Mais, grâce à l'effort moral lui-même, l'amour s'y ajoute sans le fausser, amour pur de tout intérêt; et à certaines heures le sentiment moral s'empare de l'âme tout entière; c'est l'enthousiasme et la joie sereine des grands sacrifices, la douleur féconde des grands remords. Plus souvent, dans la vie plus calme, c'est la satisfaction de la conduite bien réglée, ou le chagrin des fautes de tous les jours; en un mot, ce sont les émotions de la conscience. C'est par là que le devoir a prise sur notre nature; et c'est ce qui, dans les crises morales, soutient ou provoque l'effort de la volonté. Mais cette joie n'est plus rien sans cet effort, non plus que la noblesse de cette douleur; et c'est par là que ce sentiment peut différer des autres. Il ne vaut et ne dure que s'il nous élève; il perd sa grandeur et sa force si nous oublions le devoir pour nous laisser emporter à la passion ou nous reposer, comme le pharisien qui jouit de sa vertu, dans une béate satisfaction. La conscience passionnée ou paresseuse n'est plus la conscience.

Si ce sentiment, légitime ou mieux nécessaire, est le premier et le plus sûr des bons sentiments, étant le plus rationnel, il n'est pas le seul. Il y a d'autres émotions où se reconnaît l'initiative de la raison, et la vie de la conscience. C'est ainsi qu'il faut faire place à ces sentiments qu'on appelle supérieurs, amour du vrai, amour du beau, amour de Dieu, qui les résume tous, expressions les plus hautes et les plus pures de l'élan de la vie morale. Le vrai n'est pas tout le bien, mais c'est une partie du bien; il y a donc une conscience scientifique qui, sans suffire à tous les devoirs, est comme une forme particulière de la conscience morale. Respect scrupuleux de la vérité, ardeur à la chercher et à la démontrer, loyauté à reconnaître son erreur : voilà des sentiments qui témoignent, eux aussi, de la dignité de l'homme, et qui sont capables d'exciter ou de soutenir sa bonne volonté. Ils ne sont pas toute la conscience, car il ne suffit pas d'être savant ou curieux pour bien faire; mais les joies de la science n'en sont pas moins légitimes et salutaires. L'amour du vrai est une forme de l'amour du bien.

Il y a de même une conscience artistique, un amour désintéressé, un respect de la beauté, qui sont souvent mêlés à d'autres sentiments, mais qui relèvent et ennoblissent les émotions de cet ordre. Il y a, sans doute, des lectures et des plaisirs d'art qui ne font que divertir notre esprit et charmer nos sens; mais il y en a d'autres qui nous font oublier ce charme même, et nous soulèvent par l'admiration au-dessus de notre plaisir. C'est le propre des grandes œuvres comme des grands spectacles de la nature; et nous sommes alors plus grands nous-mêmes et meilleurs. Ces émotions sont donc bonnes, et moralement utiles. Et ce sentiment artistique se rapproche encore davantage de la conscience morale lorsque la beauté nous apparaît dans la conduite de la vie, et lorsque nous admirons comme de belles œuvres les bonnes actions;

car toute bonne volonté est belle, depuis celle des héroïsmes éclatants jusqu'à celle des plus humbles sacrifices qui sont souvent les plus sublimes, jusqu'aux moindres actes de probité dont l'intention, si on la comprend bien, va à l'infini.

Que dire enfin du sentiment religieux dont la forme la plus pure n'est que l'exaltation et comme l'enthousiasme de la conscience morale? Laissons de côté cette dévotion intéressée qui n'est que la grimace de la piété; laissons aussi ces élans et ces extases où certains mystiques goûtent des joies qui les détournent de l'action et du devoir. Et nous comprendrons qu'aimer Dieu tel qu'il faut le concevoir, c'est avant tout aimer le Bien, et que Dieu c'est le Bien « sensible au cœur ». Nous verrons aussi que la loi du devoir, une fois imposée par la raison, doit apparaître à la raison même comme divine et nous saisir d'une religieuse émotion. Ainsi le respect, l'amour, l'adoration de Dieu en esprit et en vérité, tels que les éprouvent les âmes hautement religieuses, loin de compromettre le respect du devoir, sont pour elles inséparables de la pratique du devoir.

Il faudrait parler de même des plus nobles sentiments sociaux, tels que la sympathie, la charité, l'esprit de solidarité, le patriotisme, l'amour et tous les sentiments de famille, l'amour de l'humanité. Nous laisserons ces analyses à faire comme autant de petits exercices, désormais faciles. On l'a vu, en effet, dans l'étude de la Morale pratique : tous ces sentiments ont leur place dans la vie morale. Le devoir ne réclame pas le sacrifice de ces affections si chères à l'homme

et si naturelles, pas plus qu'il ne réclame le suicide.
Il en permet ou plutôt il en commande le développement, à la condition qu'on développe ce qu'il y a de
noble et de désintéressé en chacune d'elles. Mais
cette condition même, loin de les affaiblir ou mutiler,
leur donne toute leur plénitude et leur fécondité. Si
l'amour maternel n'était qu'un instinct égoïste au lieu
d'être un insatiable besoin de dévouement, il ne
serait ni si puissant, ni si moral; l'amitié n'est bonne
et n'est vraie que si elle n'est pas la coïncidence de
deux égoïsmes; seuls les gens vertueux peuvent être
amis, disait Aristote. De même, l'amour vrai est celui
qui élève les âmes. Voilà donc, une fois de plus, des
sentiments naturels qui apparaissent comme moralement légitimes et même obligatoires.

Ne faudra-t-il pas, du moins, sacrifier au devoir les
affections personnelles, l'amour de soi? Pas davantage si on les comprend de même. Ce qui est incom-
patible avec la loi morale, c'est l'égoïsme qui ramène
tout à soi; mais tout amour de soi n'est pas égoïste.
Il faut aimer en soi, sous peine de suicide, la vie et
les moyens de vivre, la santé, la vigueur physique, les
qualités de l'intelligence et celles du caractère; car
ce sont des conditions de l'action et des bonnes actions;
avec plus de force on peut mieux faire et faire plus
de bien. Ce qui est vrai, c'est qu'il y a au moins deux
façons de s'aimer. On peut aimer en soi les défauts,
ou, sans distinction, les qualités et les défauts, mais
seulement pour les plaisirs et avantages qu'ils procu-
rent, en ne pensant qu'à soi, en se faisant centre de

tout. C'est ainsi qu'on est sensuel, vaniteux, orgueil-
leux, cupide, égoïste en un mot; ces sentiments
rabaissent l'homme et renient la raison; ce moi pas-
sionnément aimé est un moi mesquin et brutal; c'est
le moi haïssable. Mais il y a en chaque homme un
moi meilleur, avec la conception d'un moi idéal; si
rares qu'ils puissent être, il y a pour chacun de nous
des jours, des heures, des instants d'éclaircie et de
conscience où il se sent supérieur et où il est, même
dans le remords, plus content de soi. N'est-il pas bon
et juste de s'aimer ainsi? Et le respect de soi, la dignité
ou fierté morale, l'ambition et la joie — sans l'orgueil
— de cette grandeur, le désir de l'estime ou même de
la gloire, l'honneur bien compris, tous ces sentiments ne sont-ils pas à la fois personnels et désinté-
ressés, et ne vont-ils pas rejoindre et soutenir ce
sentiment moral sans lequel le devoir resterait lettre
morte [1]?

En résumé, comme le dit M. Boutroux : « Le devoir
n'est pas contraire à notre nature : il nous commande
seulement, avant de laisser agir nos énergies naturelles, de discerner et de choisir les meilleures [2]. »

---

1. Cette distinction permet d'apprécier la *morale de l'honneur*.
L'honneur extérieur, qui n'est que la réputation ou la considération sociale, ne peut suffire au principe de la morale. L'honneur intérieur, s'il est pur de vanité et d'orgueil, se confond
avec la dignité morale et nous ramène à la morale du devoir.
2. *Questions de morale et d'éducation*, p. 76.

LEÇON VII

Rôle de l'intérêt et du bonheur dans la vie morale.

Tel est donc l'ordre normal qui fait au sentiment sa place dans la vie morale. Si la moralité est une lutte contre les désirs égoïstes, elle n'est pas inconciliable avec les sentiments *humains*; non seulement elle ne les supprime pas, mais elle les exalte. Et par là même semble résolue la question du bonheur et de ses rapports avec la moralité.

Nous l'avons montré : le bonheur n'est pas le bien; le « droit au bonheur » est une formule fausse en principe, pratiquement vaine; la loi de l'intérêt n'est pas la loi du devoir. En faire le principe de la moralité, c'est mettre la raison au service du désir et l'univers au service de l'individu. Le froid et implacable calcul de l'égoïste est plus choquant que la brutalité naïve de l'appétit, parce que c'est un avilissement de la raison. Aussi les moralistes utilitaires eux-mêmes finissent-ils par substituer le bonheur du plus grand nombre à celui de l'individu, et par imposer à l'individu le devoir de se soumettre et même de se sacrifier à l'intérêt social.

Mais si l'on ne peut accepter pour la morale un principe égoïste, il est impossible aussi d'écarter de la vie de l'homme le désir du bonheur et, par suite, l'intérêt, qui en est la recherche intelligente et réfléchie. L'homme est un être sensible et prévoyant, à qui l'on ne peut demander ni de vivre constamment dans la souffrance ou l'apathie, ni de ne pas souhaiter, espérer, préparer un avenir plus doux. En un mot, on ne peut pas lui demander de renoncer à la joie et au bonheur : autant vaudrait pour lui renoncer à la vie même et à l'action; car la joie est à la fois l'accompagnement de l'action et l'excitant qui la ravive et la relance. Mais les uns diront que cette jouissance nécessaire nous éloigne toujours du bien et qu'il faut la réduire au minimum, comme on fait la part du feu; les autres, que le bonheur coïncide naturellement avec le bien et qu'il suffit de faire son devoir pour être heureux.

Ici encore, il faut distinguer. Il semble bien que certaines satisfactions, pourtant indispensables ou inévitables, soient indifférentes ou même étrangères à la moralité. Telles sont, par exemple, celles des appétits essentiels à la vie, comme la faim, la soif, le besoin de repos ou de mouvement. C'est une jouissance de manger à sa faim, de boire à sa soif, même en se bornant au nécessaire; et, elle ne semble pas, même chez les plus sobres, revêtir un caractère moral. Ce sont des jouissances aussi, et toutes semblables, de respirer un air plus pur, de céder au sommeil, de cesser de souffrir, etc. Ainsi en est-il de tout ce qui est dans l'homme la part de l'animalité. A vouloir les supprimer, comme le font les ascètes, ou à vouloir les sanctifier toutes, et faire l'ange

jusque dans la vie de la bête, on risque ou on perd
plus qu'on ne gagne; car on se tourmente de puérils
scrupules et on oublie les vrais et sérieux devoirs, à
moins qu'on ne retombe dans la sensualité même et
dans l'hypocrisie.

De même, n'est-il pas agréable, sans que ce plaisir
ait rien d'édifiant, de réussir dans ses entreprises, de
gagner plus d'argent, de vivre d'une vie plus confor-
table? N'y a-t-il pas, là encore, des satisfactions
personnelles ou même égoïstes que l'on ne peut ni
proscrire ni glorifier? Il faudrait donc, dans certains
cas, faire au bonheur sa part à côté et en dehors de
la moralité; et la vraie attitude morale serait d'en
prendre franchement son parti comme de l'inévitable,
de goûter simplement et bravement ces plaisirs, sans
s'y oublier et sans oublier le devoir, en restant au-
dessus d'eux, mais en ne refusant pas d'en jouir.

Sans doute, cela vaut mieux déjà que le scrupule
maladif ou la tartuferie. Pourtant, ces jouissances
mêmes ne sont pas toujours à côté du devoir. Tout
d'abord, en tant que liées à la vie, elles sont légiti-
mées en principe, puisque la vie est la condition de
l'action et que nous avons le devoir de la conserver.
S'il faut vivre pour l'avenir et même pour l'au-delà,
c'est dans le présent que l'on vit. Je ne puis mal faire
en jouissant de la vie, même physique, si je l'emploie
du reste à accomplir mon devoir. Mais ce n'est pas
tout. Quand c'est à la table de famille ou à une table
d'amis que nous goûtons, sobrement bien entendu,
les plaisirs du boire et du manger, ils participent à la

dignité des sentiments sympathiques auxquels ils sont associés, d'autant plus qu'ils servent eux-mêmes à les développer par la bonne humeur et la gaieté qu'ils provoquent. Quels souvenirs bienfaisants laisse la table de famille, et que de réconciliations se sont faites à table !

De même, l'entrain physique de la marche, de l'exercice et du jeu musculaires peut accompagner et exciter tout ensemble l'admiration de la nature, la joie de la camaraderie ou de l'amitié, l'amour du travail; ici encore, la jouissance physique est saine et salutaire. De même aussi, le bien-être de la pleine et forte santé peut être le plaisir — déjà moral — de disposer à son gré de son corps, au lieu d'en être l'esclave ou la victime.

Enfin, les satisfactions de l'intérêt proprement dit, le plaisir de gagner, de posséder, d'occuper une plus haute ou plus large situation sociale, peuvent être liés à des sentiments ou à des soucis moraux qui les légitiment et les rehaussent. Telle est la préoccupation du lendemain, la crainte d'être à charge, le désir de s'assurer, surtout d'assurer les siens contre les risques de l'avenir, en un mot la *prévoyance*, qui n'est certes pas toute la vertu, mais qui est une vertu; ainsi comprise, elle est le soutien légitime de l'activité, et même, chez le père ou la mère de famille, du dévouement et de l'abnégation. Telle est encore la joie, je ne dis pas l'orgueil, de pouvoir faire plus de bien avec plus de ressources ou plus de puissance.

Voilà donc les conditions où se concilient avec le

devoir les satisfactions intéressées qui, prises pour elles-mêmes, recherchées par sensualité ou par calcul, sont la honte et la dégradation de l'homme. Et si maintenant nous reprenons tout ce qui a été dit sur le rôle moral du sentiment, de l'intérêt et même du plaisir, nous conclurons, ce semble, non seulement que le bonheur n'est pas inconciliable avec le devoir, mais que, bien compris, il est inséparable du devoir. N'avons-nous pas vu que les jouissances et les joies de la vie, loin d'être réduites ou affaiblies par la conduite morale, en sont multipliées, parce qu'elles se concilient au lieu de s'exclure et que chacune d'elles est ainsi plus profonde et plus sereine? Avec l'obéissance au devoir, on peut et doit goûter toutes les joies de la santé, du succès, de la famille, de la vie sociale, de l'art, de la science, de la conscience. N'est-ce pas la vie vraiment large, riche, complète, féconde, la plénitude de la vie, et n'est-on pas assuré d'être heureux en faisant son devoir? Ainsi la moralité et la nature coïncident; tout est pour le mieux dans la vie bien comprise : l'*optimisme* a raison.

Ne soyons pas trop optimistes. Tout d'abord, il est bien établi que l'on manque le bonheur lui-même en mêlant les calculs de l'intérêt aux ordres de la conscience; il ne faut pas rechercher la plénitude de la vie intense en comptant que par là même et par surcroît on obéira au devoir; ce serait une faute et un mauvais calcul. La gaieté, qui est bonne à ses heures, est souvent superficielle. En outre, de toutes les jouissances, la seule que le devoir garantisse à l'homme de bonne volonté, c'est la joie du devoir lui-même. Pour toutes les autres, si la coïncidence est souvent naturelle, elle n'est pas nécessaire, et ce n'est qu'une coïncidence; nous le verrons à propos des sanctions. Le conflit est donc toujours possible; il y a des crises où, brusquement, le devoir commande de tout sacrifier ou de tout risquer, santé, fortune, bien-être, honneurs, vie enfin, et de tout affronter, la maladie, la misère, la mort, pis que la mort : l'ignominie. La seule joie qui reste est celle du sacrifice, si différente des autres, et inconciliable avec elles. Nous voilà obligés de risquer, d'opter entre le bonheur et le devoir. La vie est donc mal faite, et c'est le *pessimisme* qui a raison.

Ce qui est vrai, c'est que nous avons deux certitudes : d'une part, celle du *devoir* et de la raison qui commande; de l'autre, celle de la *vie*, condition de l'action, qui ne va pas sans plaisir et qui tend au bonheur. Mais le devoir ne se concilie pas toujours avec la vie, et la contradiction apparaît, pénible et pourtant salutaire. Pénible, puisque nous n'en trouvons pas dans la vie la solution véritable, mais de partielles ou fragiles approximations; salutaire, puisque la certitude du bonheur dans la vie, si limitée du reste, supprimerait, avec le risque et l'abnégation, la grandeur incomparable du mérite et du devoir. Il y a donc une bonne souffrance qui sauve l'homme de l'égoïsme.

LEÇON VIII

La vertu.

De ces principes découle la définition de la vertu; car c'est la pratique constante du devoir, l'*habitude active* du bien. Habitude, car une bonne action isolée ne fait pas l'homme de bien; mais habitude active, non routine, car on ne fait vraiment bien que si on fait toujours mieux. Ainsi, il ne faut pas se contenter de quelques prouesses, de quelques élans de bonne volonté après lesquels on retombe à ses défauts et à ses lâchetés. Être juste, ce n'est pas se passionner pour une cause éclatante en calomniant ses semblables; être charitable, ce n'est pas donner une grosse somme à une quête et oublier les malheureux pour retourner à ses plaisirs. La vertu ne consiste pas à s'acquitter de devoirs extraordinaires et à dédaigner ceux de la vie courante; elle exige de la persévérance; elle est œuvre de tous les jours. Mais elle n'est pas routine. Répéter comme une machine les mêmes actions, ce n'est pas obéir au devoir. Les pratiques d'une dévotion tout extérieure ne sont pas la piété. Observer la loi ou la coutume sans penser à ce que l'on fait, et pour faire comme tout le monde; suivre la tradition non parce qu'elle

est bonne, mais parce qu'elle est établie; travailler
sans goût et sans zèle comme un fonctionnaire
ennuyé; faire régulièrement l'aumône au même men-
diant en passant tous les jours dans la même rue, ce
n'est vraiment pas être vertueux. Sans doute, la
régularité de la conduite est une condition de la
vertu. On ne saurait trop admirer la rectitude morale
de ceux qui, toujours, vont droit leur chemin, la
fidélité à une règle ou à une tradition, la simplicité
de ces vies tout unies, où le devoir de chaque jour
est,sans bruit mais sans défaillance, sûrement, tran-
quillement accompli. On dirait volontiers,en y pensant,que les gens vertueux n'ont pas d'histoire. Mais
n'allons pas confondre cette continuité avec la routine, cette régularité avec celle d'un automate. Dans
un cas, tout est lettre morte et l'esprit est absent,
comme la vraie politesse est absente de ces gestes et
formules de convention machinalement reproduits.
C'est par paresse que l'on continue de faire ce que
l'on a déjà fait, et parce que cela est plus commode;
on redoute les crises et les problèmes; la bonne
habitude n'est qu'un moyen d'esquiver l'effort, la
régularité n'est que monotonie, souvent lâcheté.
Dans l'autre, tout au contraire, la monotonie n'est
qu'apparente; elle cache l'effort soutenu et toujours
renouvelé. Pour rester fidèle à la même règle intérieure, il faut résister aux tentations les plus diverses,
non pas se dérober aux difficultés. Pour rester d'accord avec soi-même, au sens stoïcien du mot, quand
tout change autour de soi ou même en soi par le fait

même de la vie, il faut que la volonté se tende et s'obstine. Cette vie si unie est unifiée par une conscience toujours en éveil; si du dehors elle paraît terne et insignifiante, au dedans elle est pleine de sens, riche et originale. Ce n'est plus le mécanisme d'une horloge, qu'un accident arrête; c'est la fermeté d'une raison vivante qui s'impose aux circonstances et aux accidents. Cette discipline est un travail, une initiative de tous les jours.

Par exemple, l'honnêteté ou probité bourgeoise paraît simple et facile. Elle ne l'est qu'en apparence, si vraiment elle est vertu. En effet, on a chaque jour le spectacle et l'exemple d'escroqueries et de fraudes impunies; on voit à côté de soi les moins scrupuleux s'enrichir et s'imposer par l'argent à la considération publique; on est sollicité à des entreprises douteuses par des offres ou des chances de gros bénéfices; on est pressé par le besoin, par l'ambition, par la jalousie, encouragé par le succès des autres. Pour rester probe, il faut plus que de l'inertie; et si la routine peut suffire à une honnêteté tout extérieure et hypocrite, l'honnêteté vraie et solide exige l'effort d'une volonté toujours prête à la résistance ou à l'initiative. Pour mieux faire sans cesse ou pour faire aussi bien dans des circonstances toujours nouvelles, il faut se renouveler soi-même; il faut inventer. La vertu est une continuelle création intérieure; et l'on dira qu'elle est œuvre de génie si l'on comprend bien que chacun de nous peut avoir son originalité propre, c'est-à-dire son génie personnel.

Il est facile de voir aussi qu'elle réclame toutes nos énergies; elle est l'acte persévérant de toute notre âme. Le *cœur* n'y suffit pas, nous l'avons vu; il y faut l'effort, qui seul est vraiment nôtre; mais, nous l'avons indiqué aussi et il suffira de le rappeler, le sentiment est nécessaire à la vertu pour durer. Agir toujours contre ses sentiments, et continuer de faire son devoir en le détestant, cela n'est pas possible. C'est au moins la joie d'avoir bien fait qui redonne à la volonté le courage de persévérer, et sans la foi et l'enthousiasme il n'y aurait pas de héros; sans l'amour vrai, qui est le don de soi jusqu'au sacrifice, il n'y aurait pas de vertu.

L'*intelligence*, de même, y est nécessaire sans y suffire. Savoir n'est pas agir. « Ne voit-on pas tous les jours, dit Renan, des hommes fort savants dénués de distinction, de bonté, parfois d'honnêteté? Ne voit-on pas, d'un autre côté, des personnes excellentes, délicates, distinguées, livrées à toutes les suggestions de l'ignorance et de l'absurdité? » Lorsque Socrate disait que « nul n'est méchant que par ignorance » et que « la vertu est une science », il entendait une science ou connaissance si complète qu'elle ne pourrait pas ne pas produire l'amour et la volonté du bien. Il estimait, en effet, que la science du bien est la seule véritable; le vrai savant était donc celui qui ne pensait qu'au bien et y rapportait tout, par conséquent ses actions. Mais notre science est, en fait, plus limitée, et peut rester sans prise sur notre volonté. Sans doute, mieux on comprend son

4

devoir et plus on est capable de bien faire, plus
aussi on y est porté; malgré tout, cependant, la
volonté peut manquer, et la faute est d'autant plus
grave qu'on est plus instruit.

La bonne *volonté* est donc l'essentiel; elle est,
comme dit Kant, « le bien suprême », et c'est l'intention pure qui fait la valeur de l'action. « Paix aux
hommes de bonne volonté. » Elle n'est pas tout cependant; elle n'est pas « le bien tout entier ». Pour mieux
dire, il faut ne pas opposer la volonté pure à l'intelligence, car il n'y a pas de volonté sans intelligence,
pas de raison pratique sans raison théorique. Vouloir,
c'est toujours vouloir quelque chose, et celui qui veut
bien faire a une idée, vraie ou fausse, claire ou non,
d'un bien à accomplir; sans quoi on ne distingue-
rait pas la volonté du caprice ou de l'instinct. Et
ainsi, son premier devoir est de chercher à se faire
une idée juste du bien, à le connaître, à le comprendre;
c'est de s'instruire enfin, tout au moins de réfléchir;
le premier effort moral est celui de l'intelligence. La
volonté pure est la volonté désintéressée, mais non
sans intelligence, sans raison, non plus que sans
amour. Si la sagesse n'est pas la science, elle ne va
pas sans une certaine science, qui est une connaissance de soi-même et de la vie. Sans doute, des sim-
ples et des ignorants peuvent être des héros de vertu.
En effet, il faut souvent agir avant de *savoir*, au sens
plein du mot; celui qui agit de tout son cœur, de
toute son énergie, avec tout ce qu'il sait, même s'il
sait peu ou s'il sait mal, celui-là est bon et irrépro-

chable. Cependant, il ne le serait plus s'il se dispensait
de réfléchir, d'apprendre, de corriger ses jugements.
Celui qui attend sans s'instruire, sans méditer sur ce
qu'il a fait, sur ce qu'il aurait pu faire, le moment
d'une nouvelle action, celui-là n'est plus vertueux,
mais paresseux et coupable; il n'est plus vraiment de
bonne volonté. Si la vertu n'est pas une science, elle
n'est pas non plus une succession d'impulsions irré-
fléchies ni de capricieux éclairs. Disons donc qu'elle
est œuvre aussi d'intelligence et d'amour, ou, d'un
mot, œuvre de volonté, si nous comprenons que la
volonté résume en les dépassant l'amour et l'intelligence.

Pour les mêmes raisons, elle ne consiste pas à céder
à la nature, qui n'est pas toute bonne, ni à la tourmenter comme si elle n'était que mauvaise, mais à la
discipliner. En disant qu'il faut suivre la nature, les
Stoïciens n'entendaient pas cette formule au même
sens que les Épicuriens ou les partisans du plaisir; ils
recommandaient non pas de complaire aux instincts
et désirs *naturels*, mais, au contraire, d'y résister pour
obéir à la raison, parce que la raison est la marque
distinctive, le caractère essentiel de l'homme, le principe et la fin de sa *nature*; en un mot, c'était la nature
idéale qu'il fallait suivre en détruisant toute passion.
Quelques-uns allaient par là jusqu'à l'ascétisme, qui
s'exerce à contraindre la nature réelle sans distinguer
entre ses penchants. L'ascétisme n'est pas la vertu,
parce que la nature n'est pas toute mauvaise. Nous
l'avons vu, en effet; s'il y a de l'animalité en elle et des

désirs pervers, il y a aussi, plus ou moins active suivant les individus, une raison latente qui fait la force
des bons instincts et des sentiments généreux; elle se
retrouve même en ces tendances équivoques, ambition,
fierté, amour de la louange, etc., qui peuvent être tour-
nées au bien comme au mal. Le rôle de la volonté est
de s'emparer des unes et des autres, et d'imposer la
loi du devoir, la discipline du bien qui est l'harmonie
intérieure ou la vertu; en un mot, c'est de mettre
l'homme « en possession de soi », ce qui est le meilleur
et même le seul moyen d'en faire une valeur sociale.

Il y faut à la fois de la force et de l'adresse, de
l'ingéniosité et de la vigueur; il faut savoir s'y
prendre; tantôt heurter de front la nature et brus-
quer les choses comme en face d'une passion nais-
sante; tantôt biaiser avec elle et la détourner, avec
une douce obstination, vers le bien. C'est en ce sens
que l'homme de bien est un artiste, et que la vertu
est un art, l'art suprême de la vie. Mais c'est un art
toujours laborieux. Ici, pas plus qu'ailleurs du reste,
le talent naturel ni même le génie ne dispensent de
travailler. En effet, si la nature n'est pas toute rebelle
à la loi, si même elle semble parfois — c'est le cas des
tempéraments généreux — avide de moralité, il faut
toujours un effort pour la discipliner, comme il en
faut pour cultiver le meilleur terrain et lui donner
toute sa valeur. Il est évident qu'il faut lutter contre
les désirs emportés et contre les lâchetés et l'indolence naturelle; il faut lutter aussi pour amener au
bien ces dispositions hésitantes — ce sont les plus nom-

breuses, — toujours prêtes à retourner à l'égoïsme.
Mais il faut un effort encore pour prendre conscience
des meilleures, les soumettre elles-mêmes à la loi, les
faire vraiment siennes au lieu de les subir comme des
passions, enfin pour les renouveler sans cesse en les
élevant.

Car il faut que la vertu soit notre œuvre. Les bons
sentiments que nous héritons de nos parents sont un
précieux capital, mais qui ne devient vraiment notre
propriété que par le travail. La vertu est donc un
progrès, une conquête de tous les jours; et cet
accroissement de valeur, de dignité, est ce qu'on
appelle le *mérite*. Mériter, au sens absolu du mot,
c'est grandir moralement; démériter, c'est déchoir.
Le mérite tient donc à l'effort de la volonté, le démérite à la lâcheté. Il n'est pas vrai, nous venons de
le voir, qu'il faille toujours se torturer pour grandir,
et que le mérite se mesure aux souffrances qu'on s'in-
flige. Quand on finit, pour tout simplifier, par rechercher comme seul mérite la souffrance physique, on
oublie le vrai sens de la grandeur morale. Il ne suffit
pas de se mortifier pour bien faire. Ce qui est vrai,
c'est qu'il faut tantôt contraindre la nature, tantôt
l'encourager — et toujours faire violence au moins à sa
paresse. Plus nous y travaillons, plus nous y prenons
de peine, plus nous avons de mérite, parce qu'ainsi
s'établit l'empire de la volonté. Mais, si la souffrance
accompagne cet effort, elle n'en fait pas toute la
valeur, et il ne va pas non plus sans joie. C'est donc
à l'effort, non à la douleur, que se mesure le mérite.

LEÇON IX

De la responsabilité.

Si, avant d'agir, nous sommes obligés de nous décider pour la bonne action, après l'action nous sommes obligés de prendre à notre charge ce que nous avons fait; nous sommes tenus d'en rendre compte au moins à notre conscience. Cette obligation de *répondre* au sujet de ses actions est ce qu'on nomme *responsabilité*. Elle est manifestement liée au devoir; ou plutôt c'est une forme du devoir, celle qui suit l'acte; et elle implique, comme lui, la liberté. Si je n'étais pas soumis au devoir, je n'aurais point de compte moral à rendre; et si je n'étais pas libre, je n'aurais pas non plus à répondre, car je n'aurais pas pu faire autrement. Réciproquement, la responsabilité, imposée par la conscience, devient le signe et comme la preuve de la liberté. « Si je dois, il faut que je puisse », dit Kant; si je dois répondre d'une action, c'est que j'ai pu la vouloir au lieu de la subir, c'est qu'elle est mienne, c'est que j'ai été libre.

Responsabilité sociale et responsabilité morale. — Ce n'est donc pas dans l'autorité sociale qu'il faut chercher le principe de la responsabilité, car ce n'est pas seulement ou d'abord le dommage causé à la société qui doit faire accuser mon action. Avant même de savoir s'il y a eu dommage — ou service, — je sais ce que j'ai fait et avec quelle intention; ma conscience m'impute mon action, la juge et me la met en charge, quels que doivent être les résultats. C'est vis-à-vis de la loi morale que je suis responsable. Sans doute, il y a une loi sociale à laquelle je dois obéir, et une responsabilité sociale que je ne dois pas esquiver. Le tort que j'ai fait à mon semblable par un délit ou par un crime, le désordre social dont j'ai été cause, la société a le droit de m'en demander réparation, et même de me frapper pour se défendre, c'est-à-dire pour éviter le retour d'actes semblables et la contagion de mon exemple. On peut même ajouter que souvent c'est la responsabilité sociale qui rappelle l'autre à nos consciences paresseuses; si notre faute passe inaperçue des autres, nous ne l'apercevons pas nous-mêmes. Mais le principe reste moral, non social. La société ne connaît pas tous nos actes, pas même tous ceux qui l'intéressent, pour nous en demander compte; elle ne connaît surtout pas nos intentions, qui socialement peuvent être importantes, mais qui moralement sont l'essentiel. Enfin ce n'est pas la société qui m'impose la loi morale. Le devoir est une loi plus haute que sa loi, et il y a une justice éternelle, supérieure non seulement à celle qu'exerce en fait la société, mais encore à celle qu'elle est capable d'exercer.

Conditions, degrés et limites de la responsabilité. — La conscience morale nous révèle cette loi et cette justice; la conscience psychologique nous renseigne sur nos intentions. De là vient le sentiment, sinon infaillible, du moins positif et efficace de notre responsabilité. Sans être jamais sûrs de nous juger parfaitement, du moins nous savons si nous avons bien ou mal fait; même nous savons discerner dans notre responsabilité, et, par analogie, dans celle des autres, des différences et des degrés.

Ces différences tiennent, cela est évident, aux conditions de la responsabilité qui sont précisément celles de la moralité : conscience de la loi, liberté du vouloir, raison active pour tout dire d'un mot. Il y a donc, tout d'abord, des êtres qui ne sont pas responsables ; tels les animaux, même supérieurs, puisqu'ils n'ont ni conscience ni liberté. Il y en a d'autres qui ne le sont pas encore ou qui ne le sont plus ; ce sont les tout jeunes enfants chez qui la raison n'est qu'en germe, les aliénés chez qui elle est abolie.

Mais l'enfant grandit ; lentement sa raison se développe et s'affermit ; un jour vient, entre six et huit ans ordinairement, où il en prend conscience ; il sait ce qu'il a fait et ce qu'il fallait faire ; il a *voulu* désobéir ou mentir. Il commence donc à être responsable ; toutefois, ce ne sont que des éclaircies, plus ou moins fréquentes. L'enfant n'est longtemps que partiellement responsable ; il le devient tous les jours davantage, et l'éducation a précisément pour rôle de fortifier, avec sa raison, le sentiment de sa responsabilité.

De même, chez les malheureux qu'on appelle fous, ou idiots, ou *inconscients*, la raison n'est pas toujours totalement perdue. La maladie ou l'infirmité peut n'être que passagère ou partielle, et comme localisée. Il y a des aliénés qui reviennent pour un temps ou même décidément à la santé morale; il y en a qui ne déraisonnent que sur un sujet. Chez tous ceux-là, avec la santé de la raison et dans la même mesure, dont la précision nous échappe, reparaît la responsabilité.

De même encore, il y a des hommes qui, sans être aliénés, n'ont pourtant pas leur pleine raison. Moralement débiles ou infirmes, souvent dès la naissance, ce ne sont pourtant pas des inconscients. Leur responsabilité, très variable suivant les cas, cela va sans dire, n'est donc pas nulle; elle est limitée. Si difficile qu'en soit l'appréciation, le principe reste incontestable. Ils ne sauraient être jugés comme les volontés saines et valides; aussi la justice, à leur égard, ne va-t-elle pas sans la pitié.

Enfin il y a, pour un être normalement responsable, des accidents et des états qui suppriment ou atténuent sa responsabilité parce qu'on y voit disparaître ou baisser la conscience et la liberté. Tels sont le délire, l'épuisement de certaines maladies, le sommeil, le rêve, où nous ne sommes plus maîtres de nous. Encore est-il vrai que nous ne sommes pas toujours irresponsables de nos faiblesses physiques et même de la tournure de nos rêves; nous serions restés plus libres et plus sains si nous avions su vouloir et nous surveiller. Tel est manifestement, sauf exceptions négligeables, le cas de l'ivresse où l'homme n'est plus l'homme, mais par sa faute. On est donc responsable de l'ivresse même, et l'on ne saurait être excusé des fautes ou des crimes auxquels elle peut entraîner. En revanche, on n'est pas responsable quand on a été violenté ou contraint (cas de force majeure ou de brutalité); ainsi encore si l'on a, sans déloyauté ni négligence, ignoré la loi, ou si l'on n'a pas pu prévoir les conséquences de son action.

Mais pourtant, dans le détail, on trouverait que la responsabilité est plus souvent atténuée qu'anéantie; car, s'il est rare que l'homme soit absolument libre, il est rare aussi qu'il soit absolument lié par le mécanisme des forces matérielles ou sociales, et qu'il n'y ait point de jour à son initiative. En tout cas, sans aller jusqu'au tourment du scrupule, mieux vaut toujours garder un sentiment vif, délicat et impérieux de sa responsabilité. Nous ne sommes que trop portés, surtout de nos jours, à nous y soustraire et à nous décharger sur les autres ou sur les circonstances. L'horreur des responsabilités est une forme de lâcheté, sinon de dégénérescence. A chacun selon ses œuvres, et que chacun assume les charges qui lui reviennent.

LEÇON X

Les sanctions.

Ce que chacun doit recevoir en conséquence de ses actions, ce sont des peines et des récompenses, qui, sans rien ajouter à l'autorité de la loi, en affirment pratiquement le pouvoir. On appelle donc *sanction*, c'est-à-dire confirmation ou consécration positive de la loi, un système de récompenses et de peines. Il en faut bien comprendre le principe. La loi sociale perdrait, sans les sanctions, son autorité et son crédit; mais la valeur et le crédit de la loi morale ne dépendent nullement de la sanction. Que la récompense vienne à manquer ou la punition, la loi sociale peut à la longue tomber en désuétude et perdre son sens. La loi morale reste entière, et l'action n'est ni moins bonne ni moins mauvaise. La faute impunie reste aussi coupable, et c'est une nouvelle faute de l'oublier.

Le crime fait la honte, et non pas l'échafaud.

Il est donc bien entendu que ce n'est pas la sanction qui rend la loi respectable. Mais : 1° elle traduit le mérite ou le démérite de celui qui l'a respectée ou violée; 2° elle contribue à la faire respecter à l'avenir.

I. Nous avons défini le mérite et le démérite en dehors de toute idée d'intérêt, comme élévation et déchéance morales. Celui qui ne songe qu'aux sanctions ne s'élève pas en dignité. Une action intéressée n'est plus méritoire. Mais, l'action vraiment bonne une fois faite, le mérite une fois conquis, nous disons qu'une récompense est due, c'est-à-dire une satisfaction sensible. L'homme, en effet, n'est pas volonté pure; il ne peut vivre ni agir indéfiniment sans joie; et il y a des joies qui sont dignes d'être associées à la moralité. Elles ne sont pas un salaire, et il est certain que la vertu est à elle-même sa première et plus haute récompense; mais il est certain aussi qu'elle ne va pas sans joie. Et il nous paraît juste, rationnel, que le bien soit le bien de toute l'âme, que toutes nos facultés y soient harmonieusement épanouies. En un mot, la vertu, qui n'a pas le bonheur pour but, mérite de l'avoir pour conséquence.

Il semble aussi que le vice mérite le malheur, et que la souffrance soit la rançon de la faute. Prenons garde : ceci peut être tout à fait faux. La douleur ne peut avoir ici la valeur d'une compensation. Le mal physique, où nous trouvons, quand il frappe le coupable, un plaisir de vengeance, ne peut compenser le mal moral. La punition est un acte non de vengeance (car la vengeance est immorale), mais de justice et de réparation. Nous l'oublions chaque jour; nous nous contentons de frapper, comme si les coups suffisaient à rétablir l'ordre. Œil pour œil, dent pour dent, voilà toute notre philosophie pénale. Un enfant a désobéi, il est juste qu'il souffre; et dans le langage de cette pédagogie instinctive, corriger c'est frapper, et rien de plus. Certes, le plaisir du coupable a été illégitime et injuste; mais est-il possible de le lui reprendre en le faisant souffrir, comme on ferait rendre gorge à un voleur? C'est là que nous nous trompons. Que le voleur rende ce qu'il a pris avec une indemnité pour le dommage : la question d'argent, qui, du reste, n'est pas la seule, est ainsi réglée. Mais la question morale est autre. Ce n'est pas le total des jouissances ou des souffrances de chacun qui est l'essentiel; surtout nous ne devons pas trouver dans le plaisir de faire souffrir le coupable comme le remboursement d'un plaisir qu'il nous aurait volé.

II. Le vrai mal c'est la faute, c'est la déchéance d'une volonté. Pour rétablir l'ordre, il faut relever, améliorer cette volonté. La douleur y peut et y doit servir, comme un avertissement et comme une excitation. C'est ainsi qu'elle est salutaire. Elle rappelle au coupable qu'il n'est pas tout-puissant, et le ramène à l'ordre et à la conscience de soi. Elle peut être le fer rouge qui assainit la plaie, le coup de fouet qui réveille l'énergie; elle a ainsi un grand rôle moral. Mais à elle seule elle n'est pas tout; elle n'est qu'un moyen. Si elle laisse la volonté à son inertie ou si même elle la décourage, la paralyse, elle n'est plus bonne. La punition qui désespère ou abêtit l'enfant est une faute plus grave que la sienne. La peine qui affaiblit la puissance de la loi n'en est plus la confirmation. Ainsi il n'y a de véritable sanction — joie ou douleur — que celle qui rétablit ou affermit le respect de la loi. C'est cette idée qui nous permettra d'apprécier brièvement les diverses sanctions du devoir, déjà indiquées dans la *Morale pratique*.

Sanction physique. — Souvent la santé est la récompense de la bonne conduite. Être sobre, tempérant, honnête, vaillant et en paix avec sa conscience, n'est-ce pas, au dire des médecins eux-mêmes, le principal de l'hygiène? Au contraire, l'intempérance, l'abus de la bonne chère, de la boisson, des plaisirs en général, le dérèglement de la vie, le vice enfin et ses désordres usent les tissus, faussent les organes, engendrent les maladies ou les infirmités précoces, abrègent la vie du coupable et corrompent celle qu'il transmet. Voilà la sanction physique, très positive, comme on le voit, parfois terrible, et de haute portée puisqu'elle peut punir ou récompenser un père, une mère dans ses enfants. Très insuffisante aussi, malgré tout, et souvent fausse. Non seulement elle n'atteint pas tous les mérites et toutes les fautes, ni surtout les intentions, mais, malgré le préjugé à la mode, les âmes saines n'habitent pas toujours les corps les plus robustes, et inversement. Il y a un habile usage des plaisirs, avec une parfaite insouciance du devoir, qui est aussi immoral qu'il est hygiénique. D'autre part, l'héroïsme va à la mort; la vertu qui ne veut point se lasser et s'obstine contre le corps, le sacrifice en un mot surmène et ruine la santé aussi bien que le vice imprudent. L'optimisme a donc tort s'il prétend que le bien du corps coïncide toujours avec celui de l'âme.

Sanction légale ou des lois civiles. — Ce sont les peines et les récompenses que fixent les lois et que distribuent les magistrats : amende, prison, titres honorifiques, etc. Sanction souvent efficace, parfois seule efficace sur les consciences endurcies ou relâchées; fort incomplète aussi et fort inexacte au point de vue moral. Ni la loi, qui est surtout pénale, ne peut tout définir, ni le magistrat ne peut tout connaître et tout apprécier. Que de fautes et que de bonnes actions échappent aux juges, que d'erreurs ils commettent, même en toute loyauté, sur les intentions! Le crime caché est impuni, et la vertu de réclame, qui n'est plus la vertu, est la plus sûrement récompensée. En réalité, il s'agit ici du bien de la société ou plutôt de son intérêt prochain qui, souvent mal compris du reste, ne coïncide qu'en partie avec la moralité. La société n'a ni le pouvoir de discerner les bonnes actions, ni le droit d'imposer l'ordre moral. Et ses sanctions ne réussissent, en général, qu'à maintenir tant bien que mal un ordre extérieur, non pas à améliorer, ou à régénérer les consciences; trop heureux si elles ne les enfoncent pas dans le vice.

Sanction de l'opinion. — Estime, honneur, admiration, gloire enfin, ou bien, au contraire, mépris, déshonneur, ignominie avec tous leurs degrés et leurs nuances, quel riche clavier de récompenses et de châtiments! Et quelle sanction puissante, puisque « l'opinion, dit Pascal, est comme la reine du monde »! Elle est maîtresse, en effet, de quelques-unes des joies les plus intenses et de quelques-uns des tourments

les plus cruels que l'homme puisse éprouver. Est-ce
vivre que de vivre dans le mépris? et quel est l'héroisme
que ne récompenserait pas l'admiration, l'enthousiasme de tout un peuple? — Pourtant, ce n'est encore,
pour la loi morale, qu'une incertaine et incomplète
sanction. Si curieuse, si indiscrète que soit l'opinion,
et si bien informée, elle ignore plus d'actions qu'elle
n'en connaît. Les actions les plus honteuses sont les
plus cachées; les plus belles vertus sont celles qui se
font ou se laissent le moins voir; enfin, les intentions
vraies échappent presque toujours à l'opinion. D'autre
part, pour ce qu'elle connaît, souvent elle condamne
ou glorifie sans règle et sans scrupule, sans règle
morale tout au moins; c'est le jugement des préjugés,
de la mode et des on-dit. Le vice hypocrite ou imper-
tinent a raison; la calomnie est rarement impuissante;
il y a des vertus qui sont ridicules aux yeux du respect
humain. Sans doute, l'opinion est passagère; la postérité peut être plus juste. Mais la postérité ignore
bien des choses; nous ignorons ce qu'elle dira, et elle
ne jugera que les disparus. Sans doute, encore, l'opinion est multiple, et il y a une opinion des gens de
bien qui seule vaut qu'on la prenne pour juge. Mais
ce juge manque souvent de courage à se prononcer
ou à se faire entendre. Et il reste que l'opinion est
une sanction, non pas insignifiante, mais bien insuffisante de la moralité.

Sanction morale ou intérieure. — C'est celle de la
conscience elle-même qui juge nos actes après nous
avoir indiqué et imposé la loi. On a plaisir à bien faire

et à avoir bien fait; on est content de soi, en paix
avec soi-même, vraiment joyeux, de la joie la plus
pure, la plus haute, et non la moins vive que l'homme
puisse goûter; c'est comme un épanouissement de
l'âme tout entière. Au contraire, on est gêné et
embarrassé d'une mauvaise action comme d'un fardeau trop lourd; on est triste ou plutôt fâché contre
soi, torturé peut-être jusqu'à l'angoisse si la faute
est irréparable : c'est le fait du remords. Voilà bien
de réelles douleurs et satisfactions, une sanction positive en un mot. Sanction vraiment morale, et pour
deux raisons. D'abord, elle est directe, étant intérieure,
et porte non sur le résultat ou l'apparence, mais sur
l'intention même immédiatement connue par la conscience. Ensuite, elle est déjà par elle-même élévation
morale ou redressement. Les autres, qui viennent du
dehors, peuvent amollir ou irriter la volonté : jouir
avec complaisance des éloges, même mérités, c'est
déjà oublier le devoir; subir, mais avec une sourde
colère, les reproches les plus légitimes, ce n'est pas
s'amender. Au contraire, être heureux d'avoir bien
fait, c'est vouloir recommencer ou plutôt faire mieux.
Avoir un remords, c'est aussi vouloir mieux faire et
rentrer en grâce avec le devoir. La sanction morale
est donc parfaite.

Elle l'est en principe; elle le serait en fait si notre
conscience même, soit psychologique, soit morale,
était parfaite. Mais : 1º il est rare que l'homme se
connaisse bien et voie clair dans ses actions ou même
dans ses intentions. S'il est souvent responsable de

5

cette ignorance, il n'en souffre guère, et il échappe
ainsi deux fois à la peine ; 2° notre conscience morale
est tantôt — c'est l'ordinaire — trop complaisante et
facile à tout excuser en nous, parfois même dégradée
et atrophiée ; tantôt trop rigide, trop méticuleuse,
tourmentée des moindres soupçons de faute : c'est
le cas du scrupule. Ainsi, les criminels endurcis
esquivent toute sanction ; la vertu toujours inquiète
n'a pas les joies qu'elle mérite ; l'égoïsme ou l'inertie
de tous les jours sont impunis ou à peine touchés.
Voilà pourquoi cette sanction intérieure, qui est
humainement la meilleure, n'est pas encore l'exacte
et complète justice.

Sanction religieuse. — C'est l'insuffisance de toutes
ces sanctions qui nous conduit à l'idée d'une sanction
supérieure ou religieuse. La justice la réclame, voici
en quel sens. Faute de cette sanction la moralité, qui
est ce qu'il y a de meilleur au monde, resterait une
belle chimère. Nous ne pouvons accepter qu'il y ait
décidément contradiction entre l'ordre moral et
l'ordre réel, que la loi soit démentie par le fait, et
l'idéal à jamais vaincu. Autrement dit, il n'est pas
rationnellement possible que la raison n'ait pas le
dernier mot, et qu'il n'y ait pas un souverain bien qui
réconcilie la moralité et le bonheur. Faut-il penser
que le progrès de l'humanité y suffise ? Rien ne se
perd, dit-on ; nos bonnes et nos mauvaises œuvres
se retrouvent dans le bonheur ou le malheur de nos
descendants, et se prolongent en des conséquences
indéfinies. Cette survie sociale, cette immortalité

toute positive, voilà la sanction supérieure qui, sans compromettre le désintéressement, attribue à chacun ce qui revient à son mérite. Sans doute, on peut et on doit croire au progrès de la justice en ce monde, et il faut y travailler. Mais rien n'en garantit le triomphe définitif, puisque l'homme est toujours libre. Ce qui reste de nous, d'autre part, ce n'est pas toujours, il s'en faut, ce que nous avons voulu faire; les meilleures volontés ne sont pas les plus assurées d'agir sur la marche de l'humanité. Enfin, cette immortalité impersonnelle n'offre qu'une illusion de justice. Celui qui reçoit la récompense ou le châtiment, ce n'est pas celui qui a fait l'action; les innocents paient pour les coupables, et le bonheur vient à ceux qui n'ont rien fait pour le mériter. Est-ce donc ainsi qu'il faut entendre la solidarité? Ainsi s'évanouirait notre plus ferme certitude morale, celle de la valeur de la bonne volonté et de la personne.

La sanction idéale ne peut donc être que religieuse, et réclame l'immortalité personnelle de l'âme et l'existence de Dieu. Elle les réclame; mais la certitude dont elle peut être l'objet n'est pas d'ordre scientifique ou positif. C'est donc par une sorte de foi rationnelle que nous y croyons; et il y faut croire au nom même de la moralité. Mais comment concevoir ces récompenses et ces peines de la vie future? Gardons-nous de vouloir nous les représenter; les représentations les plus sensibles sont ici les plus fausses; si certaines images peuvent paraître utiles comme symboles, il faut toujours craindre d'en perdre de vue le sens supérieur. Et si, au lieu de nous borner à espérer et à croire, nous voulons nous donner de cette sanction quelque idée plus déterminée, c'est en prolongeant celle de la sanction morale que nous la trouverons le plus sûrement. Nous nous efforcerons de concevoir, dans le règne divin des bonnes volontés, une conscience toujours plus clairvoyante et plus pure, conscience transcendante dont les douleurs et les joies ne feraient que traduire et renouveler une communion toujours plus intime avec le Bien.

LEÇON XI

Le droit

C'est au dedans de soi d'abord que chacun de nous trouve la loi du devoir; et c'est par la conscience qu'il se reconnaît une valeur morale. Ce n'est donc pas un artifice d'envisager en elle-même et en elle seule la personne morale pour définir le devoir, le bien, la vertu, la responsabilité même. Mais il serait artificiel et déraisonnable de rapporter tout à l'individu. Artificiel, parce que, en réalité, dans sa vie morale aussi bien que dans sa vie matérielle, l'individu n'est pas séparable de ses semblables. Chacun de nous, s'il avait à vivre seul, ne serait pas ce qu'il est, ou plutôt ne subsisterait pas. Robinson même doit à la société les aptitudes natives, les talents, la science, les facultés morales qui rendent son succès et le roman vraisemblables. Et il serait déraisonnable aussi de faire de l'individu le centre de tout, puisque ce serait le soustraire à toute obligation; ainsi compris, l'individualisme est la formule de l'immoralité.

Mais ce n'est pas ce que nous propose la conscience. Au contraire, elle donne à chacun cette certitude qu'il ne peut se suffire à soi-même, qu'il a besoin des autres, non seulement pour vivre mais pour être bon, et qu'il se doit à eux. En un mot, l'homme trouve en soi, avec les sentiments sociaux et impersonnels, le devoir de ne pas se considérer comme seul, sous peine de se dégrader, le devoir de respecter en autrui ce qui vaut en soi et de se porter hors de soi, au-devant des autres.

« Agis de telle sorte, dit Kant, que tu traites toujours l'humanité soit dans ta personne soit dans la personne d'autrui comme une fin, et que tu ne t'en serves jamais comme d'un simple moyen. » Cela signifie que chacun de nous est, pour soi et pour les autres, un but, une fin à quoi il doit subordonner les moyens, non un instrument qu'il peut employer à son plaisir ou à son intérêt. L'avare fait de sa raison un moyen de satisfaire son vice; le maître d'esclaves exploite à son profit des personnes humaines : tous deux méconnaissent l'ordre des moyens et des fins. La personne humaine est libre, inviolable pour soi et pour les autres. On appelle *Droit* l'affirmation vis-à-vis d'autrui de cette dignité et de la liberté morale qui en est le principe. Le droit est ainsi, comme dit Leibnitz, un pouvoir moral, tandis que le devoir est une nécessité morale. Voilà le principe de l'égalité; c'est par la liberté, non par la force ou l'intelligence que les hommes peuvent être égaux.

C'est donc une illusion de chercher dans un *fait* le fondement du droit. Le droit ne se mesure ni au désir, ni à la force, ni au besoin. Dire que j'ai droit à ce que je désire ou à ce que je peux prendre, c'est considérer la nature comme toute bonne ou divi-

niser la force; le droit devient donc insignifiant.
Il n'est pas non plus le résultat d'une coutume ou
d'une convention; car il est, au contraire, le modèle
plus ou moins clairement aperçu de nos conventions,
et qui les surpasse toujours infiniment. Quand
l'esclavage était légal, il n'était pas moins une positive violation du droit. Et si le droit idéal ne
planait au-dessus d'elles, conventions et coutumes ne
seraient jamais que la raison du plus fort.

Le droit et le devoir. — Le principe du droit est le
même que celui du devoir, à savoir la valeur de la
personne libre. On ne traduit pas bien cette idée en
disant que le droit est fondé sur le devoir. Sans
doute, si l'homme a des droits, c'est parce qu'il est
sujet du devoir; en ce sens la formule est juste. Mais
on laisse ainsi entendre qu'il n'a aucun droit lorsqu'il
n'a aucun devoir à remplir; et cela est équivoque.
Par exemple, il est bien clair que le devoir de travailler réclame le droit de travailler; mais ce devoir
n'est pas toujours nettement défini. Je puis souvent,
sans faute, me reposer ou travailler, choisir un travail
ou un autre, me promener sur une route ou sur une
autre, exprimer ou taire une opinion, etc. Voilà des
droits incontestables, et qui sont définis avant les
devoirs particuliers qui y correspondent.

Mais si mon droit peut être déterminé avant mon
devoir *social*, il ne peut l'être sans déterminer un
devoir pour autrui. En effet, mon droit de vivre n'est
autre chose que le devoir pour mes semblables de
respecter ma vie. Inversement, leur droit n'est que

mon devoir de les respecter. Ce sont deux faces ou plutôt deux expressions d'un même fait moral.

N'entendons pas que le devoir de chaque homme se limite au respect du droit des autres. Ce que l'on exprime ici, c'est le devoir *strict*, rigoureusement défini; ce n'est pas tout le devoir. Les devoirs *larges*, comme ceux de charité, ne sont nullement facultatifs; s'il y a plusieurs manières de les accomplir, ils sont en leur principe aussi obligatoires que les autres. Entre plusieurs formes d'assistance ou de solidarité, j'ai à choisir; mais je dois pratiquer l'assistance et en chercher la meilleure forme.

En un mot, le droit est une affirmation de ma liberté en face d'autres libertés; le devoir est une limitation ou une règle pour ma liberté. L'équilibre idéal de droits et de devoirs qui définit pour chaque personne sa liberté sociale, ou, plus simplement, l'équilibre des libertés, c'est ce qu'on appelle la *justice*.

Mais il y a une autre forme ou un autre aspect du droit. Ce n'est plus pour un individu le droit *de* faire ce qu'il peut faire, mais le droit *à* recevoir ce dont il a besoin, s'il ne peut se le procurer. C'est le droit des faibles auquel la justice moderne accorde de plus en plus de place. Il exprime encore, non un injustifiable droit au bonheur, mais la foi en la valeur transcendante de la personne, avec la protestation contre certaines injustices sociales. Le droit de l'enfant repose en outre sur sa valeur à venir et sur le devoir des parents qui l'ont mis au monde.

LEÇON XII

Principaux droits de la personne humaine.

On rattachera facilement à ces définitions les principaux droits de l'homme.

1° *Droit de vivre*, c'est-à-dire d'être laissé en possession de la vie, de la santé, et des moyens de subsistance. C'est le premier des droits parce qu'il est la condition de l'exercice de tous les autres et de l'accomplissement de tous les devoirs, non parce que la vie est supérieure à tous les autres biens. L'homicide, qui en est la violation, est donc le plus grand des crimes. En principe, la vie humaine est sacrée.

On ne confondra pas le droit *de* vivre avec le droit *à* vivre qui autoriserait chacun de nous à réclamer, au besoin par la force, qu'on le fasse vivre ou qu'on lui en fournisse les moyens. Ceci est, sauf pour l'enfant, œuvre d'assistance, de charité, de solidarité, non de justice rigoureuse. Ce n'est pas un droit qui puisse être égal chez tous, car, si tous le réclamaient, qui donc y devrait satisfaire?

2° *Droit d'être libre*, c'est-à-dire de disposer à son gré de son activité physique, intellectuelle et morale. A ce droit tous les autres pourraient être rattachés, car l'esclavage, qui en est la violation, est la négation sociale de la personnalité. Il est évident aussi que

cette liberté est limitée en même temps qu'affirmée,
précisément parce qu'elle est égale chez tous. Si j'ai
le droit de travailler, de parler ou d'écrire, d'échanger
des promesses et de passer des contrats, les autres
l'ont aussi, et leur droit fait ma règle; car personne
n'est libre, s'il n'y a pas une règle pour tous.

Mais si, en respectant celle des autres, j'ai le droit
d'imposer le respect de ma libre activité, je n'ai pas
celui d'exiger qu'on me procure cette puissance d'agir
qu'on appelle quelquefois liberté. Je ne puis réclamer
qu'on me rende malgré tout aussi valide, aussi intelligent qu'un autre afin que je sois aussi libre. A cette
égalité, sans doute chimérique, la charité peut et doit
tendre; mais ce n'est pas le droit que tous peuvent
également revendiquer.

3º *Droit d'être honoré*, c'est-à-dire de jouir de l'estime, de la considération, de l'honneur extérieur que
mérite une conduite régulière. C'est le droit de n'être
ni calomnié, ni outragé, ni diffamé. L'honneur social
est un bien d'un grand prix, une véritable propriété
morale, une dignité de la vie sociale que beaucoup
d'hommes ont préférée à la vie elle-même. Le déshonneur est comme une mort sociale. Ce droit est donc
essentiel; il est, lui aussi, inséparable d'un devoir. Je
n'ai le droit d'être respecté que si je respecte l'honneur d'autrui. Il y a plus. Si ma conduite est irréprochable j'ai vraiment droit *à* être honoré, parce que
cela dépend entièrement des hommes, non de la
nature; et mes semblables manquent à la justice si,
me connaissant, ils me refusent leur estime. Toute-

fois je ne puis ni les obliger tous à me connaître, ni pratiquement exiger plus que les marques extérieures de cette estime.

4° *Droit de propriété.* C'est le droit d'avoir à soi certains objets meubles ou immeubles et d'en disposer à son gré; ou encore, c'est le droit de posséder ce que l'on a légitimement acquis. La propriété est l'affirmation tangible de la personnalité, surtout quand elle résulte du travail. Dans l'objet que nous avons créé par notre effort, la matière primitive disparaît; ce qu'il offre d'utile ou de beau est vraiment nôtre. L'héritage a son principe dans la continuité de la famille, socialement et moralement nécessaire. La propriété est aussi la garantie positive de la liberté; on n'est libre pratiquement et socialement que si on est maître de quelque chose, ne fût-ce que des objets indispensables à la vie.

Cela ne signifie pas que chacun de nous, quoi qu'il fasse, ait droit à posséder, ni surtout à posséder autant qu'un autre. C'est nier la propriété que la définir ainsi, et nier l'égalité morale que la confondre avec l'égalité matérielle. *A chacun selon ses œuvres*, voilà la justice, qui n'empêchera pas la charité de donner *à chacun selon ses besoins* (légitimes, s'entend). Mais la justice même est difficile à établir : il est difficile, par exemple, que la propriété soit toujours le fruit du travail ou même d'un contrat vraiment libre. D'autre part, il est nécessaire que la société réclame pour sa vie même une part sur la propriété individuelle. De là, de graves problèmes sociaux. Le principe moral de la propriété reste entier; mais l'organisation pratique en est très complexe et délicate; et nous voyons apparaître une fois de plus, comme nécessaire à côté de la justice, l'amour qui, sans la contredire, la dépasse.

Justice, équité, charité, solidarité. — Nous l'avons vu, en effet, à propos de chacun de ces droits essentiels. Le droit, strictement exigible, doit être nettement défini. J'ai droit à ce qu'on respecte en moi la personne humaine, sa vie, sa liberté, son honneur, sa propriété, et j'ai le devoir de la respecter de même en autrui. Je ne puis exiger — ne pouvant les garantir aux autres — que l'on me garantisse la vie, la force du corps et de l'esprit, un minimum d'estime ou de propriété, ou le bonheur même. Le droit au bonheur n'est pas un droit, sinon, idéalement, pour la vertu. Trop souvent on ne l'affirme que pour se soustraire aux devoirs pénibles.

Voilà la stricte justice. Mais elle n'est pas tout. Elle n'est même pas toute la justice. Car il est souvent juste qu'un homme obtienne plus ou moins qu'il ne peut exiger. L'honnête homme n'a pas toujours toute l'estime qu'il mérite, ni l'homme laborieux tout le prix raisonnable de son travail. Et les heureux d'aujourd'hui, en jouissant de leurs droits établis, sont-ils bien sûrs de ne pas bénéficier d'injustices antérieures? En remontant dans l'histoire de leurs ascendants, ne risquent-ils pas de trouver quelque violence ou spoliation dont résultent peut-être leur fortune, leur santé, ou même leur vie? On conçoit donc au delà de la stricte justice, seule définie et exigible, une justice plus large et plus complète; c'est celle qu'on appelle l'équité, et qui, une fois comprise est *moralement* aussi obligatoire que l'autre.

Ce n'est pas encore tout le devoir social. La charité n'est pas moins obligatoire que l'équité ou la justice. Elle ne saurait se substituer à elles, à moins d'être, suivant le mot de Leibnitz, la charité du sage, c'est-à-dire la parfaite justice; mais le devoir est incomplet sans la charité. Quel en est le principe, en effet? Charité veut dire non pas aumône, mais *amour*. Nous avons le devoir de nous aimer les uns les autres. La conscience ne nous permet pas plus que les nécessités de la vie sociale de rester enfermés en nous-mêmes en défendant nos droits et respectant ceux des autres. Cet égoïsme adroit n'est plus la dignité. Se respecter comme une personne, c'est se reconnaître uni par la raison à toutes les autres; respecter les autres comme des personnes, c'est reconnaître en eux cette même raison qui fait d'eux nos parents et nos frères. Ainsi, la raison même nous oblige à concevoir, puis à tâcher de réaliser une société de personnes solidaires dont chacune serait dévouée aux autres. Le sacrifice de soi apparaît donc, non comme une sottise ou une folie, mais comme l'effort le plus raisonnable d'une conscience qui n'affirme jamais mieux sa valeur, son origine, et sa destinée supra-sensibles.

Par là même chaque conscience se reconnaît inséparable et solidaire des autres dans la cité idéale des esprits, comme les individus sont solidaires dans le corps social. C'est ce qu'il y a de vrai dans le solidarisme; mais souvent on distingue mal solidarité de fait ou naturelle et solidarité idéale ou morale; et on a l'illusion de passer de l'une à l'autre sans faire intervenir un principe supérieur à la nature. L'erreur consiste aussi à opposer la solidarité conçue comme une justice plus complète à la charité confondue de parti pris avec l'aumône mal comprise. Solidarité et charité, au lieu de s'opposer, sont des expressions d'une même loi morale. Solidarité, en effet, ne doit pas signifier ici dépendance réciproque des intérêts, mais union morale des âmes qui ne peuvent se passer les unes des autres. Charité ne doit pas signifier condescendance plus ou moins humiliante, mais amour. Et dès lors, il n'y a pas de charité vraie qui ne tende à la réciproque et volontaire dépendance des âmes; il n'y a pas de solidarité vraie qui n'ait pour principe l'amour qui porte une conscience au-devant de toutes les autres.

DEUXIÈME PARTIE

EXTRAITS DES MORALISTES

ANCIENS ET MODERNES

AVERTISSEMENT

Dans le choix que nous avons fait des extraits des moralistes, tout en nous efforçant de représenter fidèlement le caractère de chaque doctrine où époque, nous avons voulu surtout offrir des textes assez nombreux où les professeurs pussent choisir les lectures à faire ou à conseiller.

Chaque morceau ayant son titre, les élèves elles-mêmes trouveront facilement dans les extraits ceux qui se rapportent à chaque leçon.

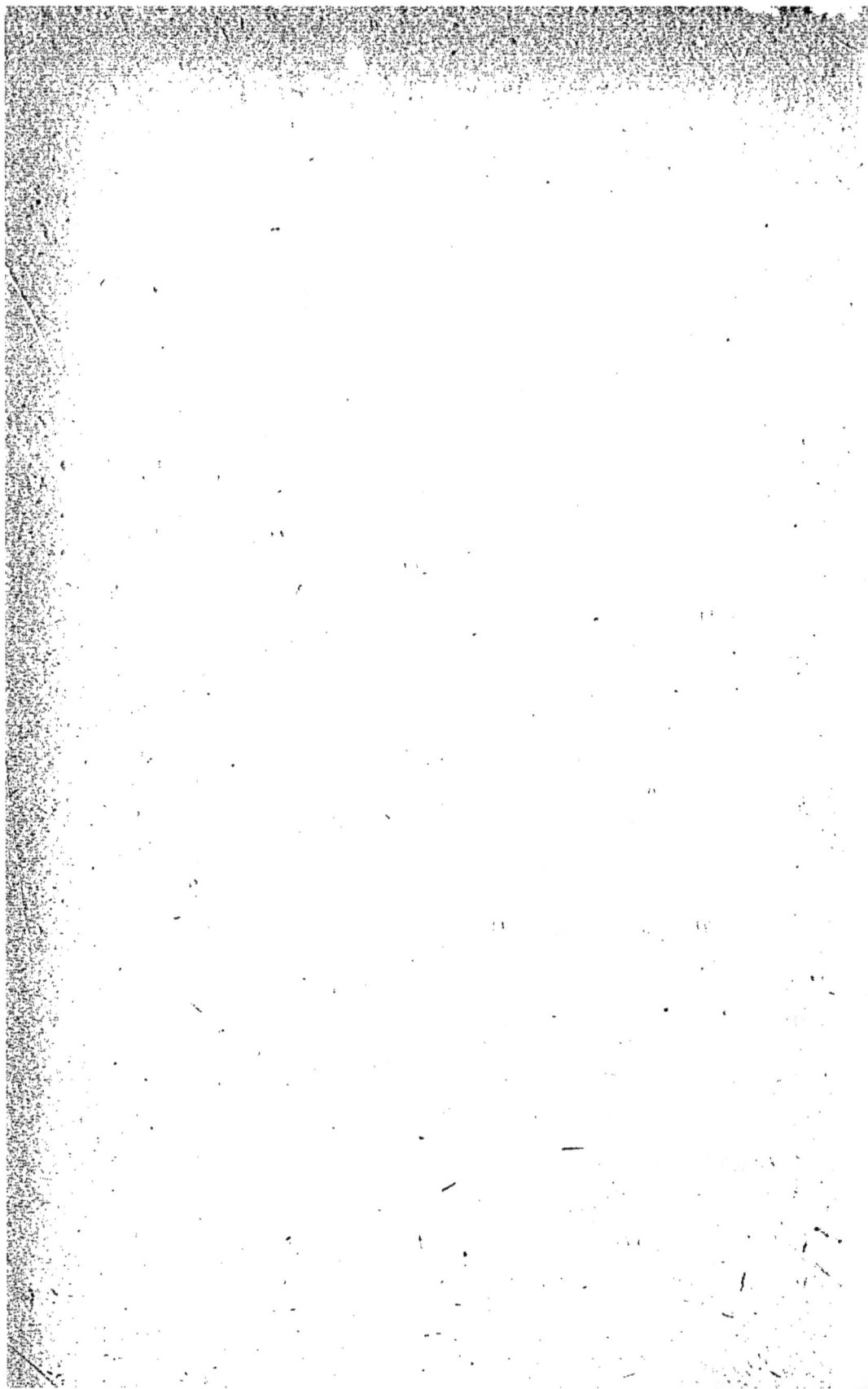

SOCRATE

I. — Les lois non écrites.

Connais-tu, Hippias, les lois de l'État? — Certes! —
Et qu'est-ce donc que ces lois? — C'est ce que les
citoyens, par une convention, ont écrit pour fixer ce
qu'il faut faire, et ce dont il faut s'abstenir. — Ainsi
donc, s'y conformer dans sa vie civique, c'est être fidèle
aux lois; passer outre, c'est leur être infidèle? — Tout à
fait. — Donc, leur obéir, ce serait observer la justice;
leur désobéir, ce serait commettre l'injustice? — Tout à
fait. — Donc, celui qui observe la justice est juste,
celui qui commet l'injustice est injuste? — Assurément.
— Ainsi, celui qui est fidèle aux lois est juste; celui qui
leur est infidèle est injuste....

Connais-tu, Hippias, des lois non écrites? — Oui, ce
sont celles qui sont établies de même en tout pays. —
Pourrais-tu donc dire que ce sont les hommes qui les
ont portées? — Et comment l'auraient-ils fait, n'ayant
pu se réunir tous et ne parlant pas même langage? —
Qui donc, à ton avis, a établi ces lois? — Je pense que
ce sont les dieux qui ont donné ces lois aux hommes;
car chez tous les hommes la première loi est d'honorer
les dieux. — Est-il aussi partout ordonné d'honorer ses
parents? — Oui. — C'est donc une loi divine. — Mais je
vois que beaucoup d'hommes les violent. — En vérité,
ils en violent aussi bien d'autres; mais ceux qui trans-
gressent les lois établies par les dieux sont punis, sans

6

qu'il soit possible à l'homme d'y échapper; tandis
qu'après avoir transgressé les lois humaines, on échappe
parfois à la peine, soit par la ruse, soit par la force...
— Par ma foi, Socrate, tout cela semble bien divin; car
ce caractère des lois qui portent en elles-mêmes[1] les
châtiments révèle un législateur supérieur à l'homme.
— Et les dieux, Hippias, portent-ils des lois justes ou
injustes? — Non pas certes des lois injustes. — Qui
donc porterait des lois justes, si ce n'est Dieu? Ainsi il
plaît aux dieux que ce qui est juste soit aussi légal[2].

XÉNOPHON, Mémorables, IV, 4.

II. — La famille.

Socrate s'aperçut un jour que Lamproclès, son fils
aîné, était fâché contre sa mère[3]. « Dis-moi, mon enfant,
sais-tu qu'il y a des hommes qu'on appelle ingrats? —

1. C'est l'idée de la sanction naturelle qui résulterait toujours
du jeu même des lois respectées ou violées. Voir Leçon XI.

2. On ne saurait manquer de citer ici deux morceaux bien
connus de Sophocle et de Cicéron. « Il y a, dit Sophocle dans
Antigone, une loi éternelle et non écrite, portée par la Divinité;
cette loi n'est d'aujourd'hui ni d'hier, mais elle s'impose à tous
et s'étend aussi loin que la voûte infinie des cieux et la surface
immense de la terre. » Et Cicéron, dans son ouvrage sur *les
Lois*, II : « Il existe une loi conforme à la nature, commune à tous
les hommes, raisonnable et éternelle, qui nous commande la
vertu et nous défend l'injustice. Cette loi n'est pas de celles
qu'il est permis d'enfreindre et d'éluder, ou qui peuvent être
changées entièrement. Ni le peuple ni les magistrats n'ont le
pouvoir de délier des obligations qu'elle impose. Elle n'est pas
autre à Rome, autre à Athènes, ni différente aujourd'hui de ce
qu'elle sera demain; universelle, inflexible, toujours la même,
elle embrasse toutes les nations et tous les siècles. Par elle,
Dieu instruit et gouverne souverainement tous les hommes; lui
seul en est le père, l'arbitre et le vengeur. »

3. Cette mère était Xanthippe dont l'humeur acariâtre, restée
célèbre, a exercé la patience de Socrate.

Oui, répondit l'adolescent. — Et sais-tu ce qu'ils ont fait pour mériter ce nom? — Sans doute; on appelle ingrats ceux à qui on a fait du bien et qui pouvant se montrer reconnaissants ne le sont pas. — Ainsi, il te semble qu'on doit ranger les ingrats parmi les hommes injustes? — Oui. — Réfléchis donc; s'il paraît bien injuste pour des amis, juste pour des ennemis de les réduire en esclavage, l'ingratitude est-elle de même injuste envers les amis et juste envers les ennemis [1]? — Non; il me semble qu'après avoir reçu un bienfait de qui que ce soit, ami ou ennemi, il est injuste de ne pas s'efforcer d'être reconnaissant. — S'il en est ainsi, l'ingratitude serait une pure injustice. — Lamproclès fut d'accord. — Donc, plus on a reçu de bienfaits sans témoigner de reconnaissance, plus on est injuste. — Il en convient aussi. — Et qui donc trouverons-nous pour recevoir plus de bienfaits que les enfants? Et de qui, si ce n'est des parents? des parents à qui ils doivent l'être et les avantages de voir toutes les belles choses, de participer à tous les biens que les dieux mettent à la disposition des hommes. Or, ces biens, nous les estimons à un si haut prix que tous nous redoutons plus que tout de les abandonner...

Le mari nourrit la femme qui doit lui donner des enfants, et amasse à l'avance et en aussi grande quantité que possible, pour ces enfants qui naîtront un jour, tout ce qui lui semble pouvoir servir à les faire vivre. Et la femme porte son fardeau, au prix de lourdes fatigues et au péril de sa vie, partage avec lui la nourriture dont elle-même se nourrit, et après l'avoir porté et mis au monde dans la douleur lui donne son lait et ses soins, sans avoir rien reçu elle-même du nouveau-né, sans qu'il connaisse la cause de son bien-être, ni puisse

---

1. Les anciens n'avaient pas l'idée de charité, ni celle d'égalité de tous les hommes. Cela ne donne ici que plus de force au raisonnement, puisque l'ingratitude est odieuse même envers un ennemi.

lui indiquer ses besoins; elle s'efforce donc de deviner
ce qui lui est utile ou agréable et de le satisfaire, et le
nourrit longtemps les jours et les nuits, résignée à sa
tâche pénible, ignorant même si elle en recevra jamais
quelque reconnaissance. Et ce n'est pas assez de nourrir
ses enfants; quand ils semblent capables de s'instruire,
les parents leur enseignent ce qu'ils savent eux-mêmes
de bon et d'utile pour la vie; et pour ce qu'ils se croient
moins capables de leur apprendre, ils les envoient à un
maître qu'ils paient, et ne négligent rien pour qu'ils
deviennent les meilleurs possible.

— Sans doute, répondit le jeune homme, elle a fait
tout cela et bien plus encore; mais personne ne pourrait supporter son humeur difficile. — Trouves-tu donc
l'humeur farouche d'une bête plus supportable que celle
d'une mère? — Oui, d'une mère comme la mienne. — As-
tu donc déjà eu à souffrir d'elle des morsures ou des
ruades, comme on en a souvent reçu des bêtes sauvages? — Mais en vérité elle vous dit des choses telles
qu'on voudrait, au prix de sa vie, ne pas les entendre.
— Et toi, depuis ton enfance, par tes cris ou tes actes
de mauvaise humeur, et le jour et la nuit, combien lui
as-tu causé d'ennuis, combien de tourments dans tes
maladies? — Mais je ne lui ai jamais rien dit ni fait qui
l'ait humiliée. — Eh quoi! trouves-tu plus difficile d'entendre ses paroles qu'il ne l'est aux comédiens de s'entendre les uns les autres dans les tragédies où ils se
disent les dernières injures? — Mais comme ils savent
bien qu'on ne les accuse pas pour les faire punir, et
qu'on ne les menace pas pour les frapper, ils supportent
tout cela facilement. — Et toi, qui sais bien que ta mère,
en te parlant ainsi, non seulement n'a pas de mauvaise
pensée, mais te veut du bien plus que personne, tu t'ir-
rites contre elle? As-tu donc l'idée que ta mère te veuille
du mal? — Non, certes. — Eh bien! elle, qui n'a que de
bonnes intentions et qui te prodigue ses soins pour te

guérir si tu es malade ou pour que tu ne manques de rien, elle, qui pour toi adresse aux dieux mille prières et vœux dont elle s'acquitte, toi, tu la dis intraitable? À mon sens, si tu ne peux supporter une mère comme elle, tu ne peux supporter le bonheur. »

XÉNOPHON, Mémorables, II, 2.

UN MÉNAGE PARFAIT.

Lorsqu'elle fut devenue, dit Ischomaque, familière avec moi et comme apprivoisée jusqu'à causer librement, je lui parlai à peu près ainsi : « Dis-moi, femme, as-tu compris maintenant pourquoi je t'ai épousée et pourquoi tes parents t'ont donnée à moi? Je cherchais pour moi, et tes parents cherchaient pour toi la meilleure union qui permît d'avoir une maison et une famille; je t'ai choisie, comme ils m'ont choisi, je pense, entre tous les partis possibles. Si Dieu nous donne un jour des enfants, nous réfléchirons au moyen de les élever le mieux possible; car ce bonheur aussi nous sera commun, de trouver en eux les meilleurs défenseurs et soutiens de notre vieillesse; dès maintenant, cette maison nous est commune. Pour moi, en effet, tout ce qui m'appartient je déclare le mettre en commun, comme tu as mis en commun tout ce que tu as apporté. Il ne faut donc plus calculer si l'un de nous a mis plus que l'autre; mais il faut bien comprendre que de nous deux le meilleur associé aura fait l'apport le plus riche. »

A ces mots, ma femme me répondit : « Que pourrais-je donc faire pour t'aider? de quoi suis-je capable? C'est sur toi que tout repose; pour moi, ma mère m'a dit que toute ma tâche était de me bien conduire. — Certes oui, femme, et mon père m'a parlé de même. Mais un homme et une femme qui se conduisent bien ont pour rôle d'administrer au mieux ce qu'ils ont et d'y ajouter, honnêtement et justement, le plus possible. — Et de quoi

vois-tu que je sois capable pour augmenter notre maison? — Par Jupiter, il faut accomplir de ton mieux la
tâche que la divinité, et la loi d'accord avec elle, a assi-
gnée à ton sexe. — Et quelle est-elle? — Non la moins
relevée, à mon sens, et comparable à celle dont est char-
gée dans la ruche la reine des abeilles...

Dieu en effet a disposé la nature de la femme aux
ouvrages et occupations du dedans; celle de l'homme
aux ouvrages et occupations du dehors. Et, sachant qu'il
avait confié à la nature de la femme le devoir de nourrir
les enfants, il lui a donné pour sa part un plus grand
amour des tendres nouveau-nés. Et, comme il lui con-
fiait la garde des biens de la maison, sachant que, pour
conserver, une âme craintive n'est pas un mal, il a
rendu la femme plus craintive que l'homme. Mais celui
qui a sa tâche au dehors devra à l'occasion repousser
l'injustice : Dieu a donc donné à l'homme plus d'au-
dace. Et, comme chacun d'eux doit donner et recevoir, il
a mis également en tous deux la mémoire et l'attention...
et de même la faculté égale de maîtriser ses passions,
avec le droit pour celui qui serait le meilleur, homme
ou femme, d'avoir aussi l'avantage dans le bien moral.
Mais comme la nature n'est parfaite en tous points ni
chez l'un ni chez l'autre, ils ont d'autant plus besoin
l'un de l'autre; et l'union est d'autant plus utile, puisqu'à la faiblesse de l'un supplée la force de l'autre. Nous
devons donc, femme, comprendre ce que la divinité
réclame de chacun de nous, et chacun doit faire tout
son effort pour s'acquitter du rôle qui lui convient...
Toutefois, dans les fonctions qui te reviennent, il y en
a une qui te semblera peut-être plus désagréable : si
quelqu'un des serviteurs devient malade, tu auras à
t'occuper de tous les soins. — Par Jupiter, cela me sera
très agréable, s'ils doivent après avoir été bien soignés
se montrer reconnaissants et plus affectueux. — Enfin,
voici quel sera le plus grand charme de notre union :

c'est que tu te montres meilleure que moi et fasses de
moi ton serviteur; c'est que tu n'aies pas à craindre, en
avançant en âge, de devenir moins honorée dans la
maison; c'est que tu aies, au contraire, l'assurance, en
vieillissant et devenant pour moi une compagne meilleure, pour les enfants une meilleure maîtresse de la
maison, d'être toujours plus honorée à ton foyer. Car le
bien et le beau n'ont pas leur saison dans la jeunesse,
mais s'épanouissent au cours de la vie par les vertus. »

XÉNOPHON, Économiques, VII.

III. — Le travail.

Quand ses amis se trouvaient dans l'embarras par
ignorance, Socrate tâchait de leur venir en aide par un
bon conseil : si cet embarras tenait à la pauvreté, il
leur apprenait à se secourir les uns les autres. Je racon-
terai à ce sujet ce que je sais. Comme, un jour, il voyait
Aristarque avec un air chagrin : « Tu me parais, dit-il,
Aristarque, être accablé; il faut partager son fardeau
avec ses amis, peut-être pourrions-nous te l'alléger. »

Aristarque répond : « Socrate, je suis dans un grand
embarras. Depuis les derniers troubles de la ville, beaucoup de citoyens se sont réfugiés au Pirée; mes sœurs,
mes nièces, mes cousines abandonnées sont toutes
venues se réunir chez moi, et elles sont si nombreuses
qu'il y a dans la maison quatorze personnes libres. Or,
nous ne retirons rien de nos terres, car elles sont au pouvoir des ennemis, ni de nos maisons, car le désert s'est
fait dans la ville. On ne peut plus vendre les marchan-
dises, ni emprunter de l'argent nulle part; on en trouverait, je pense, plutôt en cherchant sur les chemins
qu'en en empruntant. Il est dur, Socrate, de voir sa
famille mourir de faim et il est impossible de nourrir
tant de monde en de telles circonstances. »

Là-dessus Socrate : « Mais, comment se fait-il que Céramon, qui nourrit beaucoup de gens, suffit non seulement à ses besoins et aux leurs, mais encore trouve moyen de gagner pour s'enrichir; tandis que toi, en nourrissant beaucoup de gens, tu crains que vous ne mouriez tous de misère? — Hé! c'est qu'il nourrit, lui, des esclaves, et moi, des personnes libres. — Et lesquels valent mieux, à ton avis, de ces personnes libres qui sont chez toi, ou des esclaves qui sont chez Céramon? — Assurément, les personnes libres que j'ai chez moi. — N'est-il donc pas honteux que lui soit dans l'aisance grâce à des gens sans valeur, et que tu sois dans le besoin en ayant des personnes beaucoup plus estimables? — Parbleu! il nourrit, lui, des artisans; et moi des personnes qui ont reçu une éducation libérale. — Les artisans ne sont-ils pas ceux qui savent faire quelque chose d'utile? — Sans doute. — Est-ce que la farine n'est pas utile? — Assurément. — Et le pain? — Il ne l'est pas moins. — Eh bien! et les manteaux d'hommes et de femmes, les tuniques, les chlamydes, les exomides [1]? — Assurément, tout cela est utile. — Et ceux qui sont chez toi ne savent rien faire de cela? — Ils savent tout faire, à ce que je pense. — Pour ne parler que d'une chose, la fabrication de la farine, ne sais-tu pas que Nausicyde non seulement se nourrit, lui et ses esclaves, mais encore beaucoup de porcs et de bœufs, et fait assez de bénéfices pour faire souvent des dépenses de services publics [2]? En faisant du pain, Cyrèbe entretient toute sa famille et vit magnifiquement; Déméas de Collyte en fabriquant des chlamydes, Ménon des manteaux; et la plupart des habitants de Mégare vivent en

1. Exomide : Vêtement de travail sans manches, laissant libres l'épaule et le bras droit.
2. Les riches, surtout les riches ambitieux, contribuaient volontiers aux frais des services publics (par exemple ils équipaient une galère, donnaient des repas publics, etc.).

fabriquant des exomides. — Parbleu! c'est qu'ils achè-
tent des barbares, qu'ils contraignent à produire, ce qui
leur rapporte, tandis que moi, j'ai des personnes libres
et des parentes. — Et, parce qu'elles sont libres et tes
parentes, tu penses qu'elles ne doivent faire autre chose
que manger et dormir?

Parmi les autres personnes libres, lesquelles te paraissent le mieux vivre et les plus heureuses, de celles qui
vivent ainsi ou de celles qui s'occupent à ce qu'elles
savent faire d'utile à la vie? Trouves-tu que la paresse
et la nonchalance aident beaucoup à apprendre ce qu'il
convient de savoir, à retenir ce que l'on a appris, à procurer la santé et la vigueur du corps, à acquérir, à conserver les biens utiles à la vie; et que le travail et
l'application ne soient bons à rien?

Tes parentes ont-elles appris ce que tu dis qu'elles
savent comme choses inutiles à la vie, et dont elles ne
voulaient rien faire, ou, au contraire, pour s'y appliquer
et en tirer profit? Comment donc serait-on plus sage?
Est-ce en étant paresseux ou en s'occupant de choses
utiles? Comment serait-on plus juste, en travaillant ou
en délibérant, les bras croisés, sur les moyens de sub-
sister? En ce moment, à mon sens, tu n'aimes pas tes
parentes, et elles ne t'aiment pas; toi, parce que tu
trouves qu'elles te ruinent, et elles, parce qu'elles te
voient accablé de charges qu'elles t'imposent. Il y a
danger que bientôt l'inimitié ne s'aggrave, et que ne
s'affaiblisse la reconnaissance antérieure. Mais si tu
obtiens qu'elles travaillent, tu les aimeras, en voyant
qu'elles te sont utiles, et elles te chériront parce qu'elles
sentiront que tu es content d'elles. Et, vous souvenant
avec plus de plaisir des bienfaits passés, vous en aug-
menterez la reconnaissance; et ces nouveaux services
vous rendront meilleurs amis et meilleurs parents. Si
elles devaient travailler à quelque ouvrage honteux,
elles devraient préférer la mort; mais ce qu'elles savent

faire est ce qui paraît le plus beau et le plus convenable pour des femmes, et, ce qu'on sait, on le fait avec aisance, on le fait vite et bien et avec plaisir. Ne tarde donc pas à leur conseiller ce qui vous tirera d'embarras, elles et toi ; je suis sûr qu'elles s'y rendront avec joie. — Eh bien ! Socrate, je crois que tu as raison. Et moi, qui n'osais emprunter de l'argent, sachant bien qu'après l'avoir dépensé je ne pourrais le rendre, je me sens maintenant le courage de le faire pour mettre les travaux en train. »

Dès ce moment, l'argent de l'installation se trouva, les laines furent achetées : les parentes d'Aristarque dînaient en travaillant ; après le travail, elles soupaient. L'air chagrin fit place à la gaîté, les regards défiants aux visages joyeux. Elles aimèrent Aristarque comme leur protecteur, il les aima aussi, en raison de leurs services. Enfin, revenant voir Socrate, il lui conta gaiement tout cela, et que lui seul était maintenant dans la maison accusé de manger sans rien faire. — Eh ! dit Socrate, tu ne leur réponds pas comme le chien de la fable ? Du temps que les bêtes parlaient, une brebis dit à son maître : Chose étrange ! à nous qui te rapportons de la laine, des agneaux, du fromage, tu ne donnes que ce que nous arrachons à la terre, et, au chien qui ne rapporte rien de semblable, tu donnes sa part du pain que tu manges. Et le chien qui l'écoutait : Parbleu ! dit-il, mais c'est moi qui vous empêche d'être volées par les hommes ou ravies par les loups ; si moi, je ne vous gardais, vous ne pourriez même pas paître, tant vous auriez peur. Et les brebis, dit-on, trouvèrent juste que le chien leur fût préféré. Dis donc de même à tes parentes que tu es pour elles comme le chien qui les garde et veille sur elles, et que, grâce à toi, préservées de toute injure, tranquilles et heureuses, elles vivent en travaillant.

XÉNOPHON, Mémorables, II, VII.

IV. — La Providence.

Crois-tu donc qu'il y a en toi-même de l'intelligence et qu'il n'y en a nulle part ailleurs? Tu sais que de la masse de la terre tu as en ton corps une petite partie; de toute la masse de l'eau tu as une faible portion, et de tous les autres éléments qui sont en immense quantité tu as aussi une petite partie; c'est ainsi que ton corps a été formé; et pour l'esprit, tu penses qu'il ne se trouve nulle part, que tu as eu la chance de le ravir pour toi seul, et que tout cet univers immense et infini se trouve ordonné par quelque aveugle puissance? — Oui, ma foi, car je ne vois pas les maîtres de l'univers, comme je vois les artisans de ce qui se fait sous mes yeux. — C'est que tu ne vois pas non plus ton âme qui est maîtresse de ton corps. Suivant ton raisonnement, tu as donc le droit de dire que tu n'agis pas en connaissance de cause, mais toujours au hasard. — Ne pense pas, Socrate, reprit Aristodème, que je méprise la divinité; mais elle me semble trop haute en sa magnificence pour avoir besoin de mon culte. — Plus est haute la magnificence avec laquelle elle daigne prendre soin de toi, plus tu dois l'honorer. — Sache bien que je ne négligerais pas les dieux, si je pensais qu'ils ont souci des hommes. — Et tu juges qu'ils n'en ont pas souci? eux par qui, le premier et seul de tous les animaux, l'homme a été créé pour se tenir droit : avantage qui lui permet de voir au loin, de voir mieux ce qui est au-dessus de lui, et d'être moins exposé aux dangers; eux qui ont donné aux autres animaux attachés à la terre des pieds qui leur permettent seulement de se déplacer, tandis qu'à l'homme ils ont donné, en outre, des mains, auxquelles nous devons la plupart des ouvrages qui nous rendent plus heureux que les bêtes. Tous les animaux ont une langue; mais seule, celle de l'homme est capable, par le jeu de ses

mouvements dans la bouche, de produire la voix arti-
culée, et nous permet de nous dire tout ce que nous voulons... Ainsi, il n'a pas seulement plu à Dieu de s'occuper
du corps; mais, ce qui est le plus important, il a mis
dans la nature de l'homme l'âme la meilleure.

Quel est, en effet, l'autre animal dont l'âme d'abord a
senti dans l'harmonie des plus grandes et des plus belles
choses l'existence des dieux; quelle espèce, autre que
l'homme, adore les dieux? Quelle âme est plus capable
que celle de l'homme de prévenir la faim, la soif, le froid,
le chaud, de soulager les maladies, d'exercer la force du
corps, de se rappeler tout ce qu'elle a entendu, vu ou
appris? Ne vois-tu pas avec la dernière évidence qu'auprès des autres animaux les hommes vivent comme des
dieux avec une supériorité naturelle du corps et de
l'âme?...

En effet, avec le corps d'un bœuf et l'intelligence d'un
homme, un être ne pourrait faire ce qu'il voudrait; et
ceux qui ont les mains sans l'esprit n'en sont pas mieux
partagés. Et toi, qui as par bonheur ces deux avantages
qui sont les plus précieux, tu ne penses pas que les
dieux aient souci de toi? Que faut-il donc qu'ils fassent
pour que tu le croies?...

Sache, mon cher, que ton esprit, qui est dans ton corps,
le manie comme il veut. Il faut donc croire aussi que
l'intelligence qui est dans l'univers arrange tout à son
gré. Quand ton regard peut s'étendre à plusieurs stades,
comment l'œil de Dieu serait-il impuissant à voir tout
ensemble; et quand ton âme peut s'occuper de ce qui se
passe ici, et en Égypte et en Sicile, comment l'intelligence divine ne serait-elle pas capable de songer à tout
l'univers ensemble?

En servant les hommes, tu reconnais ceux qui sont dis-
posés à te servir en retour; en leur faisant plaisir, ceux
qui veulent te faire un plaisir réciproque; en délibérant
avec eux, tu discernes ceux qui sont sensés; de même,

en servant les dieux, tu éprouveras s'ils veulent te donner un conseil sur ce qui est mystère pour les hommes; tu connaîtras la divinité, et qu'elle est assez grande et assez parfaite pour tout voir d'un coup et tout entendre, pour être partout et s'occuper de tout en même temps.

XÉNOPHON, *Mémorables*, I, IV.

PLATON[1]

I. — Sentiment de l'Idéal.

1. — IL FAUT HONORER SON AME.

Dès l'enfance, tout homme se persuade qu'il est en état de tout connaître; il croit que les louanges qu'il prodigue à son âme sont autant d'honneurs qu'il lui rend, et il s'empresse de lui accorder la liberté de faire tout ce qu'il lui plaît. Mais nous disons, au contraire, que se comporter de la sorte, c'est nuire à son âme au lieu de l'honorer, elle qui mérite, comme nous l'avons dit, le premier rang après les dieux. Ce n'est pas non plus honorer son âme, quelque illusion qu'on se fasse là-dessus, que de rejeter toujours sur les autres ses fautes et la plupart de ses défauts, même les plus considérables, et de se croire absolument innocent; loin de là, on lui fait par là un très grand mal. On ne l'honore point encore lorsque, malgré les discours et les insinuations du législateur, on s'abandonne aux plaisirs; mais plutôt on la déshonore, en la remplissant de maux et de remords. On la dégrade aussi, loin de l'honorer, lorsque, au lieu de s'élever par la patience au-dessus des travaux,

1. Nous empruntons la traduction de ces Extraits à l'édition du Panthéon Littéraire (1845), qui reproduit, avec corrections, la traduction Grou.

des craintes, de la douleur et des chagrins, que la loi recommande de surmonter, on y cède par lâcheté. On ne l'honore point davantage lorsqu'on se persuade que la vie est le plus grand des biens; au contraire, on la déshonore par là, parce que, regardant alors ce qui se passe dans l'autre monde comme un mal, on succombe à cette idée funeste; on n'a pas le courage d'y résister, de raisonner avec soi-même, et de se convaincre qu'on ignore si les dieux qui règnent dans les enfers ne nous y gardent pas les biens les plus précieux.

C'est encore déshonorer l'âme de la manière la plus réelle et la plus complète, que de préférer la beauté à la vertu; car cette préférence donne au corps l'avantage sur l'âme; ce qui est contre toute raison, puisque rien de terrestre ne doit l'emporter sur ce qui tire son origine du ciel; et quiconque a une autre idée de son âme ignore combien est excellent le bien qu'il dédaigne. On n'honore point non plus son âme par des présents, lorsqu'on désire amasser des richesses par des voies peu honnêtes, et qu'on n'est pas indigné contre soi-même de les avoir acquises ainsi; il s'en faut de beaucoup qu'on l'honore de cette manière, puisque c'est vendre pour un peu d'or ce que l'âme a de précieux : en effet, tout l'or qui est sur la terre et dans son sein ne mérite pas d'être mis en balance avec la vertu.

Ce qui nous honore véritablement, c'est de suivre ce qu'il y a de meilleur en nous; et de donner toute la perfection possible à ce qui est moins bon, mais susceptible d'amendement. Or, il n'est rien dans l'homme qui ait naturellement plus de disposition que l'âme à fuir le mal et à poursuivre le souverain bien, et, lorsqu'elle l'a atteint, à s'y attacher pour toujours.

Lois, livre **V.**

2. — LE BIEN EST LE PRINCIPE SUPRÊME.

Tu sais que, lorsqu'on tourne les yeux vers des objets qui ne sont pas éclairés par le soleil, mais par les astres de la nuit, on a peine à les discerner, qu'on est presque aveugle, et que la vue n'est pas nette. — La chose est ainsi. — Mais que, quand on regarde des objets éclairés par le soleil, on les voit distinctement, et que la vue est très nette. — Sans doute. — Comprends que la même chose se passe à l'égard de l'âme. Quand elle fixe ses regards sur des objets éclairés par la vérité et par l'être, elle les voit clairement, les connaît et montre qu'elle est douée d'intelligence. Mais, lorsqu'elle tourne son regard sur ce qui est mêlé de ténèbres, sur ce qui naît et périt, sa vue se trouble et s'obscurcit, et elle n'a plus que des opinions qui se changent à toute heure; en un mot, elle paraît tout à fait dénuée d'intelligence. — Cela est comme tu dis. — Tiens donc pour certain que ce qui répand sur les objets des sciences la lumière de la vérité, ce qui donne à l'âme la faculté de connaître, c'est l'idée du bien, et qu'elle est le principe de la science et de la vérité, en tant qu'elles sont du domaine de l'intelligence. Quelque belles que soient la science et la vérité, tu peux assurer, sans crainte de te tromper, que l'idée du bien en est distincte et les surpasse en beauté. Et, comme dans le monde visible on a raison de penser que la lumière et la vue ont de l'analogie avec le soleil, mais qu'il serait faux de dire qu'elles sont le soleil; de même, dans le monde intelligible, on peut regarder la science et la vérité comme des images du bien, mais on aurait tort de prendre l'une ou l'autre pour le bien même, dont la nature est d'un prix infiniment plus relevé.

République, livre **VI.**

3. — ALLÉGORIE DE LA CAVERNE.

Représente-toi à présent l'état de la nature humaine par rapport à la science et à l'ignorance, d'après le tableau que je vais faire. Imagine un antre souterrain, ayant dans toute sa longueur une ouverture qui donne une libre entrée à la lumière; et, dans cet antre, des hommes enchaînés depuis l'enfance de sorte qu'ils ne puissent changer de place, ni tourner la tête, à cause des chaînes qui leur assujettissent les jambes et le cou, mais seulement voir les objets qu'ils ont en face. Derrière eux, à une certaine distance et une certaine hauteur, est un feu dont la lueur les éclaire, et entre ce feu et les captifs est un chemin escarpé. Le long de ce chemin, imagine un mur semblable à ces cloisons que les charlatans mettent entre eux et les spectateurs, pour leur dérober le jeu et les ressorts secrets des merveilles qu'ils nous montrent. — Je me représente tout cela. — Figure-toi des hommes qui passent le long de ce mur, portant des objets de toute espèce, des figures d'hommes et d'animaux en bois ou en pierre, de sorte que tout cela paraisse au-dessus du mur. Parmi ceux qui les portent, les uns s'entretiennent ensemble, les autres passent sans rien dire. — Voilà un étrange tableau, et d'étranges prisonniers!

— Ils nous ressemblent de point en point. Et d'abord, crois-tu qu'ils verront autre chose d'eux-mêmes et de ceux qui sont à leurs côtés, que les ombres qui vont se peindre vis-à-vis d'eux dans le fond de la caverne? — Que pourraient-ils voir de plus, puisque, depuis leur naissance, ils sont contraints de tenir toujours la tête immobile? — Verront-ils aussi autre chose que les ombres des objets qui passent derrière eux? — Non. — S'ils pouvaient converser ensemble, ne conviendraient-ils pas entre eux de donner aux ombres qu'ils

voient les noms des choses mêmes? — Sans contredit.
— Et, s'il y avait au fond de leur prison un écho qui
répétât les paroles des passants, ne s'imagineraient-ils
pas entendre parler les ombres mêmes qui passent
devant leurs yeux? — Oui. — Enfin, ils ne croiraient
pas qu'il y eût autre chose de réel que ces ombres. —
Sans doute. — Vois maintenant ce qui devra naturellement leur arriver, si on les délivre de leurs fers et qu'on
les guérisse de leur erreur. Qu'on détache un de ces
captifs, qu'on le force sur-le-champ de se lever, de
tourner la tête, de marcher et de regarder du côté de la
lumière : il ne fera tout cela qu'avec des peines infinies ;
la lumière lui blessera les yeux, et l'éblouissement
qu'elle lui causera l'empêchera de discerner les objets
dont il voyait auparavant les ombres. Que crois-tu qu'il
répondît à celui qui lui dirait que jusqu'alors il n'a vu
que des fantômes, qu'à présent il a devant les yeux des
objets plus réels et plus approchants de la vérité? Si
on lui montre ensuite au doigt les choses à mesure
qu'elles se présenteront, et qu'on l'oblige à force de
questions à dire ce que c'est, ne le jettera-t-on pas dans
l'embarras, et ne se persuadera-t-il pas que ce qu'il voyait
auparavant était plus réel que ce qu'on lui montre? —
Sans doute. — Et si on le contraignait de regarder le
feu, n'aurait-il pas mal aux yeux? N'en détournerait-il
point ses regards pour les porter sur ces ombres qu'il
fixe sans effort? Ne jugerait-il pas qu'elles ont quelque
chose de plus net et de plus distinct que tout ce qu'on lui
fait voir? — Assurément. — Si, maintenant, on l'arrache
de la caverne, et qu'on le traîne par le sentier rude et
escarpé jusqu'à la clarté du soleil, quel supplice pour
lui d'être traîné de la sorte! dans quelle fureur il entre-
rait! et, lorsqu'il serait arrivé au grand jour, les yeux
tout éblouis de son éclat, pourrait-il rien voir de cette
foule d'objets que nous appelons des êtres réels? — Il
ne le pourrait pas d'abord. — Il lui faudrait du temps,

sans doute, pour s'y accoutumer. Ce qu'il discernerait
plus aisément, ce serait d'abord les ombres, ensuite les
images des hommes et des autres objets, peintes dans
les eaux; enfin, les objets mêmes. De là, il porterait ses
regards vers le ciel, dont il soutiendrait plus facilement
la vue de nuit, à la lueur de la lune et des étoiles, qu'en
plein jour à la lumière du soleil. — Sans doute. — A la
fin, il serait en état non seulement de voir l'image du
soleil dans les eaux et partout où son image se réfléchit,
mais de le fixer, de le contempler lui-même à sa véritable place. — Oui. — Après cela, se mettant à raisonner,
il en viendra à conclure que c'est le soleil qui fait les
saisons et les années, qui gouverne tout dans le monde
visible, et qui est en quelque sorte la cause de tout ce
qui se voyait dans la caverne. — Il est évident qu'il en
viendrait par degrés jusqu'à faire ces réflexions.

— S'il venait alors à se rappeler sa première demeure,
l'idée qu'on y a de la sagesse, et ses compagnons d'esclavage, ne se réjouirait-il pas de son changement, et
n'aurait-il pas compassion de leur malheur? — Assurément. — Crois-tu qu'il fût encore jaloux des honneurs,
des louanges et des récompenses qu'on y donnait à celui
qui saisissait le plus promptement les ombres à leur
passage, qui se rappelait le plus sûrement celles qui
allaient devant, après ou ensemble, et qui par là était
le plus habile à deviner leur apparition; ou qu'il portât
envie à la condition de ceux qui, dans cette prison,
étaient les plus puissants et les plus honorés? Ne pré-
férerait-il pas, comme Achille dans Homère, de passer
sa vie au service d'un pauvre laboureur et de tout souffrir, plutôt que de reprendre son premier état et ses
premières illusions? — Je ne doute pas qu'il ne fût disposé à souffrir tout, plutôt que de vivre de la sorte. —
Fais encore attention à ceci. S'il retournait de nouveau
dans sa prison pour y reprendre son ancienne place,
dans ce passage subit du grand jour à l'obscurité, ne se

trouverait-il pas comme aveuglé?— Oui. — Et si, tandis qu'il ne distingue encore rien, et avant que ses yeux soient bien remis, ce qui ne pourrait arriver qu'après un assez long temps, il lui fallait entrer en dispute avec les autres prisonniers sur ces ombres, n'apprêterait-il point à rire aux autres, qui diraient de lui que, pour être monté là-haut, il a perdu la vue; ajoutant que ce serait une folie à eux de vouloir sortir du lieu où ils sont, et que, si quelqu'un s'avisait de vouloir les en tirer et les conduire en haut, il faudrait s'en saisir et le tuer? — Sans contredit.

— Eh bien, mon cher Glaucon, c'est là précisément l'image de la condition humaine. L'antre souterrain, c'est ce monde visible; le feu qui l'éclaire, c'est la lumière du soleil; ce captif qui monte à la région supérieure et qui la contemple, c'est l'âme qui s'élève jusqu'à la sphère intelligible. Voilà, du moins, quelle est ma pensée, puisque tu veux la savoir. Dieu sait si elle est vraie. Quant à moi, la chose me paraît telle que je vais dire. Aux limites du monde intellectuel, est l'idée du bien qu'on n'aperçoit qu'avec beaucoup de peine et d'effort; mais qu'on ne peut connaître, sans conclure qu'elle est la cause première de tout ce qu'il y a de beau et de bon dans l'univers; que dans ce monde visible, elle produit la lumière et l'astre qui y préside; que, dans le monde idéal, elle engendre la vérité; qu'il faut par conséquent la connaître, si l'on veut se conduire sagement dans l'administration des affaires, tant publiques que particulières.

République, livre VII.

II. — La justice.

DÉFINITION DE LA JUSTICE.

La justice ne s'arrête point aux actions extérieures de l'homme; elle règle son intérieur, puisqu'elle ne permet pas qu'aucune des parties de son âme fasse autre chose que ce qui lui est propre, leur défendant d'empiéter sur leurs fonctions réciproques. Elle veut que l'homme, après avoir bien déterminé à chacune les fonctions qui lui sont propres, après s'être rendu maître de lui-même, avoir établi l'ordre et la correspondance entre ces trois parties, mis entre elles un accord parfait, comme entre les trois tons extrêmes de l'harmonie, l'octave, la basse et la quinte, et les autres tons intermédiaires, s'il en existe, après avoir lié ensemble tous les éléments qui le composent, de sorte que de leur assemblage il résulte un tout bien réglé et bien concerté; elle veut, dis-je, qu'alors l'homme commence à agir, soit qu'il se propose d'amasser des richesses, ou de prendre soin de son corps, ou de mener une vie privée, ou de se mêler des affaires publiques; que dans toutes circonstances il donne le nom d'action juste et belle à toute action qui fait naître et qui entretient en lui ce bel ordre, et le nom de prudence à la science qui préside aux actions de cette nature; qu'au contraire, il appelle action injuste celle qui détruit en lui cet ordre, et ignorance l'opinion qui préside à de semblables actions. — Mon cher Socrate, rien de plus vrai que ce que tu dis.

Les actions justes et injustes sont, à l'égard de l'âme, ce que les choses saines et malsaines sont par rapport au corps. — En quoi? — Les choses saines donnent la santé, les choses malsaines engendrent la maladie. — Oui. — De même, les actions justes produisent la justice, les actions injustes l'injustice. — Sans contredit. —

Donner la santé, c'est établir entre les divers éléments de la constitution humaine l'équilibre naturel qui les soumet les uns aux autres; engendrer la maladie, c'est faire qu'un des éléments domine sur les autres, ou soit dominé par eux, contre les lois de la nature. — Cela est vrai. — Par la même raison, produire la justice, c'est établir entre les parties de l'âme la subordination que la nature a voulu y mettre; produire l'injustice, c'est donner à une partie sur les autres un empire qui est contre nature[1]. *République*, livre IV.

III. — Le châtiment.

1. — LA SANCTION FUTURE.

Telle est *la justice des habitants de l'Olympe* [2]. Si l'on se pervertit, on est transporté au séjour des âmes criminelles; si l'on change de bien en mieux, on va se joindre aux âmes saintes. En un mot, dans la vie et dans toutes les morts qu'on éprouve successivement, les semblables vont à leurs semblables et en reçoivent tous les traitements qu'ils doivent naturellement en attendre. Ni toi, ni qui que ce soit, en quelque situation qu'il se trouve, ne pourra jamais se vanter de s'être soustrait à cet ordre établi par les dieux pour être observé plus inviolablement qu'aucun autre et qu'il faut infiniment respecter. Tu ne lui échapperas jamais, quand tu serais assez petit pour pénétrer

1. Platon définit longuement la justice dans l'État. Elle est de même l'ordre ou la subordination normale entre les parties de la République, c'est-à-dire entre les classes, — magistrats, guerriers, artisans — qui correspondent aux trois parties de l'âme — intelligence, cœur, appétits — avec des vertus semblables : Sagesse, courage, tempérance qui se résument toutes en la justice.

2. Homère, *Odyssée*, XIX, 43.

dans les profondeurs de la terre, ni quand tu serais assez grand pour t'élever jusqu'au ciel; mais tu porteras la peine qu'ils ont arrêtée, soit sur cette terre, soit aux enfers, soit dans quelque autre demeure encore plus affreuse. Il en sera de même de ceux qui, par des impiétés ou par d'autres crimes, sont devenus grands de petits qu'ils étaient et que tu as cru être passés du malheur dans le sein du bonheur.

Lois, livre X.

2. — LE CHÂTIMENT EST SALUTAIRE.

SOCRATE. A ces trois choses donc, les richesses, le corps et l'âme, répondent trois maux, la pauvreté, la maladie, l'injustice.

POLUS. Oui.

SOCRATE. De ces trois maux quel est le plus laid? N'est-ce pas l'injustice et, pour le dire en un mot, le mal de l'âme?... Donc l'injustice, l'intempérance, et les autres vices de l'âme sont de tous les maux les plus grands?

POLUS. Ils le paraissent.

SOCRATE. Quel art nous délivre de la pauvreté? n'est-ce pas l'économie?

POLUS. Oui.

SOCRATE. Et de la maladie, n'est-ce pas la médecine?

POLUS. Nécessairement.

SOCRATE. Et du vice et de l'injustice?... Si tu ne comprends pas de cette manière, vois de celle-ci : Où et chez qui conduisons-nous ceux dont le corps est malade?

POLUS. Chez les médecins, Socrate.

SOCRATE. Où conduit-on ceux qui s'abandonnent à l'injustice et à l'intempérance?

POLUS. Tu veux dire apparemment chez les juges.

SOCRATE. N'est-ce pas pour y être punis?

POLUS. Je l'avoue.

SOCRATE. Ceux qui châtient avec raison ne suivent-ils pas en cela les règles d'une certaine justice?

POLUS. Cela est évident.

SOCRATE. Ainsi, l'économie délivre de la pauvreté, la médecine de la maladie, et la justice de l'intempérance et de l'injustice.

POLUS. Je le pense ainsi.

SOCRATE. Mais de ces trois choses dont tu parles, quelle est la plus belle?

POLUS. De quelles choses?

SOCRATE. De l'économie, de la médecine et de la justice.

POLUS. La justice l'emporte de beaucoup, Socrate.

SOCRATE. Puisqu'elle est la plus belle, c'est donc parce qu'elle procure le plus grand plaisir, ou la plus grande utilité, ou l'un et l'autre.

POLUS. Oui.

SOCRATE. Est-ce une chose agréable d'être entre les mains des médecins, et le traitement qu'on fait aux malades leur cause-t-il du plaisir?

POLUS. Je ne le crois pas.

SOCRATE. Mais c'est une chose utile, n'est-ce pas?

POLUS. Oui.

SOCRATE. Car elle délivre d'un grand mal : en sorte qu'il est avantageux de souffrir la douleur pour recouvrer la santé.

POLUS. Sans contredit.

SOCRATE. L'homme qui est ainsi entre les mains des médecins est-il dans la situation la plus heureuse par rapport au corps, ou bien est-ce celui qui n'a point été malade?

POLUS. Il est évident que c'est celui qui n'a point été malade.

SOCRATE. En effet, le bonheur ne consiste pas, ce semble, à être soulagé du mal, mais à n'en avoir pas eu dès le principe.

Polus. Cela est vrai.

Socrate. Mais quoi! de deux hommes malades quant au corps ou quant à l'âme, quel est le plus malheureux, de celui qu'on traite et qu'on guérit de son mal, ou de celui qu'on ne traite point, et qui le conserve toujours?

Polus. Il me paraît que c'est celui qu'on ne guérit point.

Socrate. Ainsi la punition procure la délivrance du plus grand des maux, du vice.

Polus. J'en conviens.

Socrate. Car la justice rend sage, elle oblige à devenir plus vertueux, et elle est le remède du vice.

Polus. Oui.

Socrate. Le plus heureux, par conséquent, est celui qui ne renferme pas le vice dans son âme, puisque nous avons vu que c'est le plus grand des maux.

Polus. Cela est évident.

Socrate. Le second est celui qu'on en a délivré.

Polus. Vraisemblablement.

Socrate. C'est-à-dire celui-là même qui a reçu des avis, des réprimandes, qui a subi la punition.

Polus. Oui.

Socrate. Ainsi, celui qui renferme en soi l'injustice et n'en est pas délivré mène la vie la plus malheureuse?

Polus. Selon toute apparence.

Socrate. Cet homme, n'est-ce pas celui qui, s'étant souillé des plus grands crimes et rendu coupable des plus grandes injustices, parvient à se mettre au-dessus des réprimandes, des corrections, des punitions? Telle est, comme tu le dis, la situation d'Archélaüs et celle des autres tyrans, des orateurs et de tous ceux qui jouissent d'un grand pouvoir.

Polus. Il le semble.

Socrate. Et véritablement, mon cher Polus, tous ces gens-là ont fait à peu près la même chose que celui qui, étant attaqué des plus grandes maladies, trouverait le moyen de ne point recevoir des médecins la correction des vices de son corps et de ne point subir de traitement, craignant, comme un enfant, qu'on ne lui appliquât le fer et le feu, parce que cela fait mal. Ne te semble-t-il pas que la chose est ainsi?

Polus. Oui.

Socrate. Ce serait apparemment parce qu'il ignore les avantages de la santé et de la bonne habitude du corps. Il paraît, en effet, sur nos aveux précédents, que ceux qui fuient la correction se conduisent de la même manière, mon cher Polus. Ils voient ce qu'elle a de douloureux, mais ils sont aveugles sur son utilité; ils ignorent combien on est plus à plaindre d'habiter avec une âme qui n'est pas saine, mais corrompue, injuste et impie, qu'avec un corps malade. C'est pourquoi ils mettent tout en œuvre pour échapper à la punition et n'être point délivré du plus grand des maux. Dans cette vue, ils amassent des richesses, ils se font des amis et s'étudient à acquérir le talent de la parole et de la persuasion. Mais si les choses dont nous sommes convenus sont vraies, Polus, vois-tu ce qui résulte de ce discours, ou veux-tu que nous en tirions ensemble les conclusions?

Polus. J'y consens, à moins que tu ne sois d'un autre avis.

Socrate. Ne suit-il pas de là que l'injustice et les actions injustes sont le plus grand des maux?

Polus. Il me le semble du moins.

Socrate. N'avons-nous pas vu que la punition procure la délivrance de ce mal?

Polus. Vraisemblablement.

Socrate. Et que l'impunité ne fait que l'entretenir?

Polus. Oui.

Socrate. Commettre l'injustice n'est donc que le second mal pour la grandeur; mais la commettre et n'en être point châtié, c'est le premier et le plus grand de tous les maux.

Gorgias.

ARISTOTE[1]

I. — Vertu et Bonheur.

1. — LA VERTU EST L'ACTE PROPRE DE L'HOMME.

Tout en convenant que le bonheur est, sans contredit, le plus grand des biens, le bien suprême, peut-on désirer encore d'en connaître plus clairement la nature?

Le plus sûr moyen d'obtenir cette complète notion, c'est de savoir quelle est l'œuvre propre de l'homme. Ainsi, de même que pour le musicien, pour le statuaire, pour tout artiste, et en général pour tous ceux qui produisent quelque œuvre et qui agissent d'une façon quelconque, le bien et la perfection, ce semble, sont dans l'œuvre spéciale qu'ils accomplissent; de même, à ce qu'il paraît, l'homme doit trouver le bien dans son œuvre propre, si toutefois il est une œuvre spéciale que l'homme doive accomplir. Mais est-ce que par hasard quand le maçon, le tourneur, etc., ont une œuvre spéciale et des actes propres, l'homme seul n'en aurait pas? Ou plutôt, de même que l'œil, que la main, que le pied, et en général que chaque partie du corps remplit évidemment une fonction spéciale; de même, n'est-il pas à croire que l'homme, indépendamment de toutes

---

1. Nous empruntons ces Extraits à la traduction des œuvres d'Aristote par M. Barthélemy St-Hilaire.

ces fonctions diverses, a encore la sienne propre? Mais
quelle peut être cette fonction caractéristique? Vivre
est une fonction commune que l'homme partage même
avec les plantes; et l'on ne cherche ici que ce qui lui
est exclusivement spécial. Il faut donc mettre hors de
ligne la vie de nutrition et de développement. A la suite,
vient la vie de sensibilité; mais cette vie, à son tour, se
montre également commune à d'autres êtres, au cheval,
au bœuf, et en général à tout animal aussi bien qu'à
l'homme. Reste donc la vie active de l'être doué de
raison. Mais l'on peut en outre distinguer dans cet être
la partie qui ne fait qu'obéir à la raison, et la partie qui
possède directement la raison et s'en sert pour penser....

Si tout ceci est vrai, nous pouvons admettre que
l'œuvre propre de l'homme, en général, est une vie d'un
certain genre, et que cette vie particulière est l'activité
de l'âme et une continuité d'actions que la raison
accompagne; nous pouvons admettre que dans l'homme
bien développé toutes ces fonctions s'accomplissent
bien et régulièrement.

Mais le bien, la perfection pour chaque chose varie
suivant la vertu spéciale de cette chose. Par suite, le
bien propre de l'homme est l'activité de l'âme dirigée
par la vertu, et, s'il y a plusieurs vertus, dirigée par la
plus haute et la plus parfaite de toutes. Ajoutez encore
que ces conditions doivent être remplies durant une vie
entière et complète; car une seule hirondelle ne fait pas
le printemps, non plus qu'un seul beau jour; et l'on ne
peut pas dire davantage qu'un seul jour de bonheur, ni
même quelque temps de bonheur suffise pour faire un
homme heureux et fortuné.

Morale à Nicomaque, I, IV.

Si le bonheur ne peut-être que l'acte conforme à la
vertu, il est tout naturel que ce soit l'acte conforme à
la vertu la plus haute, c'est-à-dire la vertu de la partie
la meilleure de notre être. Que ce soit dans l'homme

l'entendement en telle autre partie, qui, suivant les lois
de la nature, paraisse faite pour commander et conduire, et pour avoir l'intelligence des choses vraiment
belles et divines; que ce soit quelque chose de divin en
nous, ou du moins ce qu'il y a de plus divin de tout ce
qui est dans l'homme, l'acte de cette partie conforme à
sa vertu propre doit être le bonheur parfait; et nous
avons dit que cet acte est celui de la pensée et de la
contemplation.

Cette indépendance dont on parle tant se trouve
surtout dans la vie intellectuelle et contemplative. Sans
doute, les choses nécessaires à l'existence font besoin
au sage, comme à l'homme juste, comme au reste des
hommes. Mais en admettant qu'ils en soient également
pourvus et comblés, le juste a encore besoin de gens
envers lesquels et avec lesquels il exerce sa justice. De
même aussi, l'homme tempérant, l'homme courageux,
et tous les autres sont dans la même nécessité d'être
en relation avec autrui. Le sage, au contraire, le savant
peut encore, en étant tout seul avec lui-même, se livrer
à l'étude et à la contemplation; et plus il est sage, plus
il s'y livre. Je ne veux pas dire qu'il ne vaille pas mieux
pour lui d'avoir des compagnons de son travail; mais
le sage n'en est pas moins le plus indépendant des
hommes et le plus en état de se suffire. On dirait en
outre que cette vie de la pensée est la seule qui soit
aimée pour elle-même; car il ne résulte rien de cette
vie que la science et la contemplation, tandis que dans
toutes les choses où l'on doit agir, on poursuit toujours
un résultat plus ou moins étranger à l'action.... L'acte
de la pensée et de l'entendement... n'a pas d'autre but
que lui seul, et il porte avec lui son plaisir qui lui est
exclusivement propre, et qui augmente encore l'intensité
de l'action. Ainsi, et l'indépendance qui se suffit, et la
tranquillité et le calme, autant du moins que l'homme
peut en avoir, et tous les avantages analogues qu'on

attribue d'ordinaire au bonheur, semblent se rencontrer dans l'acte de la pensée qui contemple. Il n'y a donc qu'elle, bien certainement, qui soit le bonheur parfait de l'homme. Mais j'ajoute : pourvu qu'elle remplisse l'étendue entière de sa vie; car aucune des conditions qui se rattachent au bonheur, ne peut être incomplète.

Peut-être, d'ailleurs, cette noble vie est-elle au-dessus des forces de l'homme; ou du moins, l'homme peut vivre ainsi non pas en tant qu'il est homme, mais en tant qu'il y a en lui quelque chose de divin. Et autant ce divin principe est au-dessus du composé auquel il est joint, autant l'acte de ce principe est supérieur à tout autre acte, quelqu'il soit, conforme à la vertu. Mais si l'entendement est quelque chose de divin par rapport au reste de l'homme, la vie propre de l'entendement est une vie divine par rapport à la vie ordinaire de l'humanité. Il ne faut donc pas en croire ceux qui conseillent à l'homme de ne songer qu'à des choses humaines, et à l'être mortel de ne songer qu'à des choses mortelles comme lui. Loin de là, il faut que l'homme s'immortalise autant que possible; il faut qu'il fasse tout pour vivre selon le principe le plus noble de tous ceux qui le composent. Si ce principe n'est rien par la place étroite qu'il occupe, il n'en est pas moins infiniment supérieur à tout le reste en puissance et en dignité [1].

Morale à Nicomaque, X, 7.

2. — SOLIDARITÉ DE LA VERTU ET DU BONHEUR.

Les plaisirs du vulgaire sont si différents et si opposés entre eux que ce ne sont pas, de leur nature, de

---

[1]. Aristote place la vertu contemplative au-dessus des vertus pratiques. En ce sens sa morale est intellectualiste en même temps qu'esthétique et eudémoniste. La vie de contemplation pure est pour lui la plus belle et la plus heureuse. V. Ollé-Laprune, *La morale d'Aristote.*

vrais plaisirs. Les âmes honnêtes qui aiment le beau ne
goûtent que les plaisirs qui par leur nature sont des
plaisirs véritables; et ceux-là, ce sont toutes les actions
conformes à la vertu; elles plaisent à ces cœurs bien
faits, et elles leur plaisent uniquement par elles-mêmes.
Aussi la vie de ces hommes généreux n'a pas besoin le
moins du monde que le plaisir vienne se joindre à elle
comme une sorte d'appendice et de complément; elle
porte le plaisir en elle-même; car, indépendamment de
tout ce que nous venons de dire, on peut ajouter que
celui qui ne trouve pas son plaisir aux actions ver
tueuses n'est pas vraiment vertueux [1]; de même qu'on
ne peut pas appeler juste celui qui ne se plaît pas à
pratiquer la justice; ni libéral celui qui ne se plaît pas
aux actes de libéralité, et ainsi du reste.

Si tout ceci est vrai, ce sont les actions conformes à
la vertu qui sont en elles-mêmes les vrais plaisirs de
l'homme. Elles ne sont pas seulement agréables; elles
sont en outre bonnes et belles; et elles le sont par-
dessus toutes choses, chacune en leur genre, si toutefois l'homme vertueux sait en juger à leur juste valeur;
et il en juge comme il faut, ainsi que nous l'avons dit [2].
Ainsi donc, le bonheur est tout à la fois ce qu'il y a de
meilleur, de plus beau et de plus doux; car il ne faut rien
séparer de tout cela, comme le fait l'inscription de Délos:

« Le juste est le plus beau; la santé le meilleur;
« Obtenir ce qu'on aime est le plus doux au cœur. »

Mais tous ces avantages se trouvent réunis dans les
bonnes actions, dans les meilleures actions de l'homme,

1. Kant opposera, au contraire, radicalement la moralité au
plaisir. En tout cas, même dans Aristote, c'est la vertu qui est le
principe. (Voir le morceau suivant.)
2. Aristote revient souvent à cette idée. L'homme vertueux ou
raisonnable, qui est « comme il faut être », est la règle et la
mesure vivantes.

et l'ensemble de ces actes, ou du moins l'acte unique
qui est le meilleur et le plus parfait entre tous les
autres, c'est ce que nous appelons le bonheur.

Néanmoins le bonheur, pour être complet, semble ne
pouvoir se passer des biens extérieurs. Il est impossible,
ou du moins il n'est pas facile de faire le bien quand on
est dénué de tout; pour une foule de choses, ce sont des
instruments indispensables que les amis, la richesse,
l'influence politique. Il est d'autres choses encore, dont
la privation altère le bonheur des hommes à qui elles
manquent : la noblesse, une heureuse famille, la beauté.
On ne peut pas dire qu'un homme soit heureux quand
il est d'une difformité repoussante, s'il est d'une mauvaise naissance, s'il est isolé et sans enfants; encore
moins peut-être peut-on dire d'un homme qu'il soit
heureux, s'il a des enfants ou des amis complètement
pervers, ou si la mort lui a enlevé les amis et les enfants
vertueux qu'il possédait.

Ainsi donc, nous le répétons, il semble qu'il faille
encore pour le bonheur ces utiles accessoires; et voilà
pourquoi l'on confond souvent la fortune avec le bonheur, comme d'autres le confondent avec la vertu [1].

Morale à Nicomaque, I, vi.

3. — L'HOMME VERTUEUX NE SAURAIT ÊTRE MALHEUREUX.

Est-il donc sage d'attacher tant d'importance aux
fortunes successives des hommes? Ce n'est pas en elles
que se trouvent le bonheur ou le malheur; la vie
humaine est exposée à ces vicissitudes inévitables, ainsi

---

1. De ces conditions du bonheur complet il y en a qui, évidemment, ne sont pas liées à la vertu : richesse, influence,
politique, beauté, noblesse. La relation n'est donc pas simple
entre la vertu et le bonheur. (Voir la leçon VII. Voir aussi le morceau suivant où Aristote lui-même élève la vertu et le bonheur
qu'elle comporte au-dessus de ces conditions accessoires.)

que nous l'avons dit; mais ce sont les actes de vertu qui seuls décident souverainement du bonheur, comme ce sont les actes contraires qui décident de l'état contraire. La question même que nous agitons en ce moment est un témoignage de plus en faveur de notre définition du bonheur. Non, il n'y a rien dans les choses humaines qui soit constant et assuré au point où le sont les actes et la pratique de la vertu; ces actes nous apparaissent plus stables que la science elle-même. Bien plus, parmi toutes les habitudes de la vertu, celles qui font le plus d'honneur à l'homme sont aussi les plus durables, précisément parce que c'est surtout en elles que se plaisent à vivre avec le plus de constance les gens vraiment fortunés; et voilà évidemment ce qui est cause qu'ils n'oublient jamais de les pratiquer.

Ainsi, cette persévérance que nous cherchons est celle de l'homme heureux, et il la conservera durant sa vie entière; il ne pratiquera et ne considérera jamais que ce qui est conforme à la vertu; ou du moins il s'y attachera plus qu'à tout le reste. Il supportera les traverses de la fortune avec un admirable sang-froid. Celui-là saura toujours se résigner avec dignité à toutes les épreuves, dont la sincère vertu est sans tache, et qui est, on peut dire, carré par sa base.

Les accidents de la fortune étant très nombreux et ayant une importance très diverse, tantôt grande, tantôt petite, les succès peu importants ainsi que les légers malheurs sont évidemment presque sans influence sur le cours de la vie. Mais les événements considérables et répétés, s'ils sont favorables, rendent la vie plus heureuse, car ils contribuent tout naturellement à l'embellir; et l'usage qu'on en fait donne un nouveau lustre à la vertu. S'ils sont défavorables, au contraire, ils brisent et ternissent le bonheur; car ils nous apportent avec eux des chagrins et sont dans bien des cas des obstacles à notre activité. Mais, dans ces épreuves mêmes, la vertu

brille de tout son éclat, quand un homme supporte
d'une âme sereine de grandes et nombreuses infortunes
non point par insensibilité, mais par générosité et par
grandeur d'âme. Si les actes de vertu décident souverainement de la vie de l'homme, ainsi que nous venons
de le dire, jamais l'homme honnête, qui ne demande le
bonheur qu'à la vertu, ne peut devenir misérable puisqu'il ne commettra jamais d'actions blâmables et mauvaises. A notre avis, l'homme vraiment vertueux,
l'homme vraiment sage sait endurer toutes les fortunes
sans rien perdre de sa dignité; il sait toujours tirer des
circonstances le meilleur parti possible, comme un bon
général sait employer de la manière la plus utile au
combat l'armée qu'il a sous ses ordres; comme le cor-
donnier sait faire la plus belle chaussure avec le cuir
qu'on lui donne; comme font, chacun en leur genre, tous
les autres artistes. Si ceci est vrai, l'homme heureux,
parce qu'il est honnête, ne sera jamais malheureux,
quoiqu'il ne soit plus fortuné, je l'avoue, s'il tombe par
hasard en des malheurs pareils à ceux de Priam.

Morale à Nicomaque, I, viii.

II. -- L'Amitié.

L'amitié se manifeste principalement entre les
hommes, et nous accordons nos louanges à ceux qu'on
appelle philanthropes ou amis des hommes. Quiconque a
fait de grands voyages a pu voir combien l'homme est
partout à l'homme un être sympathique et ami. On
pourrait même aller jusqu'à dire que c'est l'amitié qui
est le lien des États, et que les législateurs s'en occupent avec plus de sollicitude encore que de la justice.
La concorde des citoyens n'est pas sans ressemblance
avec l'amitié; et c'est la concorde avant tout que les lois
veulent établir, comme elles veulent avant tout bannir

la discorde, qui est la plus fatale ennemie de la cité.
Quand les hommes s'aiment entre eux, il n'est plus besoin
de justice. Mais ils ont beau être justes, ils ont encore
besoin de l'amitié; et ce qu'il y a sans contredit de plus
juste au monde, c'est la justice qui s'inspire de la bienveillance et de l'affection [1]. Non seulement l'amitié est
nécessaire; mais de plus elle est belle et honorable.
Nous louons ceux qui aiment leurs amis, parce que
l'affection qu'on rend à ses amis nous paraît un des plus
nobles sentiments que notre cœur puisse ressentir. Il y
a même bien des gens qui pensent qu'on peut confondre
le titre d'homme vertueux avec le titre d'homme aimant...

Il y a trois espèces d'amitié qui répondent aux trois
motifs d'affection : intérêt, plaisir, vertu. Quand on aime
par intérêt, et pour l'utilité, on ne recherche au fond que
son bien personnel. Quand on aime par le motif du
plaisir, on ne recherche réellement que ce plaisir même.
Des deux sens, on n'aime pas celui qu'on aime pour ce
qu'il est réellement; on l'aime simplement en tant qu'il
est utile et agréable. Ces amitiés-là ne sont donc que
des amitiés indirectes et accidentelles; car ce n'est pas
parce que l'homme aimé est doué de telles qualités qu'on
l'aime, quelles que soient d'ailleurs ces qualités; on ne
l'aime que pour le profit qu'il procure, ici, de quelque
bien que l'on convoite, et là, du plaisir qu'on veut
goûter.

Les amitiés de ce genre se rompent très aisément,
parce que ces amis prétendus ne demeurent pas longtemps semblables à eux-mêmes. Du moment que ces
amis-là ne sont plus ni utiles ni agréables, on cesse
bien vite de les aimer. L'utile, l'intérêt n'a rien de fixe;
et il varie d'un moment à l'autre de la façon la plus
complète...

1. Telle est bien l'idée antique. L'amitié est une forme supérieure de la justice.

L'amitié parfaite est celle des gens qui sont vertueux, et qui se ressemblent par leur vertu; car ceux-
là se veulent mutuellement du bien en tant qu'ils sont
bons; et j'ajoute qu'ils sont bons par eux-mêmes. Ceux
qui ne veulent du bien à leurs amis que pour ces
nobles motifs sont les amis par excellence. C'est par
eux-mêmes, par leur propre nature, et non pas acciden-
tellement, qu'ils sont dans cette heureuse disposition.
De là vient que l'amitié de ces cœurs généreux subsiste
aussi longtemps qu'ils restent bons et vertueux eux-
mêmes; or, la vertu est une chose solide et durable.
Chacun des deux amis est bon absolument en soi, et il
est bon également pour son ami; car les bons sont à la
fois et absolument bons et utiles en outre les uns aux
autres. On peut ajouter de même qu'ils se sont mutuellement agréables, et cela se comprend sans peine. Si les
bons sont agréables absolument, et s'ils sont agréables
aussi les uns aux autres, c'est que les actes qui nous
sont propres, ainsi que les actes qui ressemblent aux
nôtres, nous causent toujours du plaisir, et que les
actions des gens vertueux ou sont vertueuses aussi, ou
du moins sont pareilles entre elles. Une amitié de cet
ordre est durable, comme on peut aisément le concevoir,
puisqu'elle réunit toutes les conditions qui doivent se
trouver entre les vrais amis. Il est tout simple, d'ailleurs,
que des amitiés aussi nobles soient fort rares, parce
qu'il y a bien peu de gens de ce caractère. Pour former
ces liens, il faut de plus du temps et de l'habitude. Le
proverbe a raison, et l'on ne peut guère se connaître
mutuellement, « avant d'avoir mangé ensemble les bois-
seaux de sel » dont il parle. On ne peut non plus s'accepter, on ne peut être amis, avant de s'être montrés
dignes d'affection l'un à l'autre, et avant qu'une confiance réciproque se soit établie. Quand on se fait
mutuellement de si rapides amitiés, on veut bien sans
doute être amis; mais on ne l'est pas, et on ne le devient

vérita_lement qu'à la condition d'être dignes d'amitié et de le bien savoir de part et d'autre...

Ainsi donc, le plaisir et l'intérêt peuvent faire que des méchants soient amis les uns des autres; ils peuvent faire aussi que des gens honnêtes soient amis de gens vicieux, et que des hommes qui ne sont ni l'un ni l'autre deviennent les amis des uns ou des autres indifféremment. Ce qui n'est pas moins évident, c'est que les bons sont les seuls qui deviennent amis pour leurs amis eux-mêmes; car les méchants ne s'aiment pas entre eux, à moins qu'ils n'y trouvent quelque profit.

Il y a plus; l'amitié seule des bons est inaccessible à la calomnie, parce qu'on ne peut aisément croire les assertions de personne contre un homme qu'on a pendant longtemps éprouvé. Ces cœurs-là se fient pleinement l'un à l'autre; ils n'ont jamais songé à se faire le moindre tort, et ils ont toutes les autres qualités profondément estimables qui se trouvent dans la véritable amitié, tandis que rien n'empêche que les amitiés d'une autre espèce ne reçoivent ces fâcheuses atteintes [1].

Morale à Nicomaque, VIII, I, III, IV.

III. — Les vertus pratiques.

1. — LA VERTU EST UN MILIEU.

La vertu se manifeste dans les passions et dans les actes; et pour les passions et les actes, l'excès en trop est une faute, l'excès en moins est également blâmable; le milieu seul est digne de louanges, parce que seul il est dans l'exacte et droite mesure; et ces deux conditions sont le privilège de la vertu...

1. Rapprocher de ce morceau les pages de Montaigne que nous reproduisons plus loin.

Ainsi donc, la vertu est une habitude, une qualité qui dépend de notre volonté, consistant dans ce milieu qui est relatif à nous, et qui est réglé par la raison comme le réglerait l'homme vraiment sage. Elle est un milieu entre deux vices, l'un par excès, l'autre par défaut; et comme les vices consistent, les uns en ce qu'ils dépassent la mesure qu'il faut garder, les autres en ce qu'ils restent en dessous de cette mesure, soit pour nos actions, soit pour nos sentiments, la vertu consiste, au contraire, à trouver le milieu pour les uns et pour les autres, et à s'y tenir en le préférant.

Voilà pourquoi la vertu, prise dans son essence et au point de vue de la définition qui exprime ce qu'elle est, doit être regardée comme un milieu. Mais relativement à la perfection et au bien, la vertu est un extrême et un sommet [1].

Morale à Nicomaque, II, VI.

2. — LE COURAGE.

L'homme courageux est inébranlable, mais en tant qu'homme; ce qui ne veut pas dire qu'il ne craindra pas les dangers que l'homme sage doit redouter. Au contraire, il les craindra comme on doit les craindre, et il les supportera comme la raison veut qu'on les supporte, par le sentiment du devoir; ce qui est la fin même de la vertu. C'est qu'on peut les craindre plus ou moins qu'il ne faut, de même qu'on peut redouter aussi comme très graves des dangers qui ne sont pas redoutables. Ces fautes diverses pourront venir tantôt de ce qu'on craint ce que l'on ne doit pas craindre; tantôt de ce qu'on craint autrement qu'on ne devrait; tantôt encore de ce que la crainte n'est pas justifiée dans le

---

1. On comprend donc mal la pensée d'Aristote quand on lui reproche d'avoir assimilé la vertu à un état moyen, sans relief et sans caractère.

moment où on l'a, ou de ce que l'on se trompe de toute
autre manière. On peut distinguer également toutes ces
nuances pour les choses qui nous rassurent au lieu de
nous effrayer. Celui qui supporte et sait craindre ce
qu'il faut craindre et supporter; qui le fait pour une
juste cause; de la manière et dans le moment convenables, et qui sait également avoir une sage assurance
dans toutes ces conditions, celui-là est l'homme de courage; car l'homme courageux souffre et agit par une
saine appréciation des choses, et conformément aux
ordres de la raison.

Morale à Nicomaque, III, viii.

3. — LA TEMPÉRANCE.

La tempérance s'applique aux plaisirs du corps. Mais,
ce n'est pas même à tous les plaisirs corporels, sans
exception; car les gens qui goûtent les plaisirs de la
vue, et qui jouissent, par exemple, de ceux que provoquent les couleurs, les formes, la peinture, ne sont
jamais appelés ni tempérants, ni intempérants.

La tempérance, on le voit donc, et l'intempérance
s'appliquent à ces plaisirs qui sont communs aussi aux
autres animaux; et voilà comment on dit que les passions de l'intempérance sont indignes de l'homme, et
qu'elles sont brutales...

L'homme sage et tempérant sait tenir ici le milieu
convenable; il ne goûte pas ces plaisirs qui passionnent
si violemment l'intempérant, et il sentirait plutôt de la
répugnance pour ces désordres. En général, il ne jouit
point de ce dont il ne faut pas jouir; il ne jouit avec
emportement de quoi que ce puisse être; de même qu'il
ne s'afflige pas non plus outre mesure d'une privation.
Ses désirs sont toujours également modérés, et il ne
dépasse jamais les justes bornes. Il ne forme pas davantage des vœux intempestifs, et, en général, il évite toutes

les fautes de ce genre. Il recherche avec mesure, et de la manière qui convient, tous les plaisirs qui contribuent à la santé et au bien-être; il prend même tous les autres plaisirs qui ne nuisent point à ceux-là, et qui ne sont ni contre les convenances, ni au-dessus de sa fortune. Car celui qui se laisserait aller ainsi estimerait de tels plaisirs plus qu'ils ne valent. Mais le sage n'a pas cette faiblesse, et ne fait jamais que ce que veut la droite raison

Morale à Nicomaque, III, xi, xii, xiii.

4. — LA LIBÉRALITÉ.

Toutes les actions que la vertu inspire sont belles, et toutes, elles sont faites en vue du bien et du beau. Ainsi, l'homme libéral et généreux donnera, parce qu'il est beau de donner; et il donnera convenablement, c'est-à-dire à ceux à qui il faut donner, autant qu'il faut, quand il faut, et avec toutes les autres conditions qui constituent un don bien fait. J'ajoute qu'il fera ses dons avec plaisir, ou du moins sans aucune peine; car, tout acte qui est conforme à la vertu est agréable, ou, du moins, il est exempt de peine, et ne peut jamais être positivement pénible. Quand on donne à qui l'on ne doit pas donner, ou quand on ne donne pas parce qu'il est beau de donner, et qu'on fait un don par tout autre motif, on n'est pas réellement généreux, et l'on doit être appelé d'un autre nom, quel qu'il soit. Celui qui donne avec un sentiment de peine n'est pas généreux davantage; car, s'il l'osait, il préférerait son argent à la belle action qu'il fait; et ce n'est pas là le sentiment d'un homme vraiment libéral [1]...

Il est aussi très digne d'un cœur libéral de donner

---

1. Le Stoïcisme et le Christianisme insistent au contraire sur l'idée que la vertu est une lutte. Pour Kant, le mérite tiendra à l'effort de la volonté résistant au sentiment. Aristote conçoit une vertu sereine, heureuse, triomphante et non plus militante, devenue, en un mot, une nature.

beaucoup, et même à l'excès, de façon à ne garder que la moindre part pour soi-même : c'est bien le fait d'une âme généreuse de ne pas regarder à soi. Du reste, la libéralité doit s'apprécier toujours selon la fortune. La vraie libéralité consiste, non pas dans la valeur de ce qui est donné, mais dans la position de celui qui donne; elle offre ses dons suivant sa richesse; et rien ne s'oppose à ce que celui qui donne moins soit en réalité plus généreux, s'il prélève ses dons sur une moindre fortune.

Morale à Nicomaque, IV, 1.

5. — LA DOUCEUR.

La douceur est un milieu en ce qui concerne tous les sentiments emportés. Mais, à vrai dire, ce milieu n'ayant pas de nom bien précis, les extrêmes n'en ont pas davantage; et nous prenons la douceur pour un milieu, tandis qu'elle penche vers le défaut qui n'a pas non plus de nom particulier. L'excès en ce genre pourrait s'appeler irascibilité; la passion qu'on éprouve en ce cas est la colère, et les motifs qui la produisent sont aussi nombreux que différents. Celui donc qui se laisse aller à la colère dans des occasions ou contre des gens qui la méritent, et qui de plus s'y laisse aller de la manière, dans le moment, et durant tout le temps qu'il convient, celui-là doit recevoir notre approbation. C'est là, qu'on le sache bien, la vraie douceur, si la douceur est digne d'éloges. L'homme réellement doux sait ne point se troubler, et ne pas se laisser emporter par la passion; mais il s'irrite dans les occasions où la raison veut qu'on s'irrite, et tout le temps qu'elle l'ordonne. S'il semble que la douceur pèche plutôt par défaut que par excès, c'est qu'un caractère doux ne cherche pas à se venger, et qu'il incline bien davantage au pardon [1].

Morale à Nicomaque, IV, v.

1. Il y a là comme un pressentiment de la vertu chrétienne. Mais pour Aristote la douceur ne doit jamais faire oublier la justice.

6. — LA VÉRACITÉ [1].

L'homme véridique est réellement un homme d'honneur; il aime la vérité; et, la disant dans les cas même où elle est sans importance, il saura la dire à plus forte raison là où elle importe; car alors il évitera comme une infamie le mensonge, qu'en soi il aurait fui naturellement. Ce caractère-là est vraiment digne d'estime. Si parfois il s'écarte de la stricte vérité, ce sera plutôt pour affaiblir les choses; car cette atténuation du vrai a quelque chose de plus délicat; et les exagérations sont toujours faites pour choquer. Mais celui qui sans aucun motif exagère les choses à son avantage, peut passer pour vicieux; car s'il ne l'était point, il ne se plairait pas au mensonge.

Toutefois, il est plutôt léger que méchant.

Morale à Nicomaque, IV, VII.

7. — LE BON GOÛT DANS LA PLAISANTERIE.

Il y a des gens qui, poussant à l'excès la manie de faire rire, doivent passer pour des bouffons insipides et accablants, cherchant à tout propos des plaisanteries, et visant bien plus à exciter les rires qu'à dire des choses convenables et décentes et à ne point blesser celui dont ils se raillent. Au contraire, il y a d'autres gens qui ne trouvent jamais eux-mêmes rien de plaisant à dire, et qui en veulent à ceux qui ont plus d'esprit qu'eux; ce sont des personnages rustiques et grossiers. Mais ceux qui savent plaisanter avec goût sont des hommes d'un commerce aimable, et l'on pourrait presque dire d'un commerce souple et flexible; car ce sont là en quelque façon des mouvements de caractère; et, de même qu'on

1. Cf. Kant, *Le mensonge*, Voir ci-après.

juge les corps par les mouvements qu'ils font, de même
aussi l'on peut juger les caractères à des signes analogues.

Cependant, comme il n'y a rien de plus commun que
la plaisanterie, et qu'on se plaît d'ordinaire à s'amuser
et même à pousser la raillerie au delà des justes bornes,
il arrive assez souvent que les mauvais plaisants passent
pour aimables et pour des gens de bon goût. Ils en sont
loin pourtant, et ils en sont même fort loin, comme on
en peut juger par ce que nous venons de dire. L'adresse
ou le tact est encore un avantage de la qualité moyenne,
que nous louons en ce genre. L'homme de tact sait ne
dire et n'entendre que ce qu'il convient à un homme
comme il faut, à un homme libre, d'entendre et de dire.
Il y a certaines choses, en effet, qu'un honnête homme
peut dire et qu'il peut entendre en plaisantant; mais la
plaisanterie de l'homme libre ne ressemble point à celle
de l'esclave, pas plus que celle de l'homme bien élevé ne
ressemble à celle de l'homme sans éducation.

Morale à Nicomaque, IV, VIII.

8. — L'HONNÊTETÉ. — L'ÉQUITÉ.

L'honnête et le juste sont la même chose; et tous les
deux étant bons, la seule différence, c'est que l'honnête
est encore meilleur. Ce qui fait la difficulté, c'est que
l'honnête, tout en étant juste, n'est pas le juste légal, le
juste suivant la loi; mais il est une heureuse rectifica-
tion de la justice rigoureusement légale... La nature
de l'honnête, c'est précisément de redresser la loi là où
elle se trompe, à cause de la formule générale qu'elle
doit prendre. Ce qui fait encore que tout ne peut s'exé-
cuter dans l'État par le moyen seul de la loi, c'est que,
pour certaines choses, il est absolument impossible de
faire une loi, et que, par conséquent, il faut pour celles-
là recourir à un décret spécial. Pour toutes les choses

indéterminées, la loi doit rester indéterminée comme
elles, pareille à la règle de plomb dont on se sert pour
l'architecture à Lesbos [1]. Cette règle, on le sait, se plie
et s'accommode à la forme de la pierre qu'elle mesure et
ne reste point rigide; et c'est ainsi que le décret spécial
s'accommode aux affaires diverses qui se présentent.

On voit donc clairement ce qu'est l'honnête et ce qu'est
le juste, et à quelle sorte de juste l'honnête est préfé-
rable. Ceci montre avec non moins d'évidence ce que
c'est que l'homme honnête : c'est celui qui préfère par
un libre choix de sa raison, et qui pratique dans sa conduite des actes du genre de ceux que je viens d'indiquer, qui ne pousse pas son droit jusqu'à une fâcheuse
rigueur, mais qui s'en relâche au contraire, bien qu'il ait
l'appui de la loi pour lui. C'est là un homme honnête; et
cette disposition morale particulière, cette vertu, c'est
l'honnêteté, qui est une sorte de justice, et qui n'est pas
une vertu différente de la justice elle-même.

Morale à Nicomaque, **V.**

L'équité consiste à pardonner aux faiblesses de l'humanité; à regarder non à la loi, mais au législateur; à
considérer non la lettre, mais l'esprit des dispositions
qu'il a prises; non l'acte lui-même, mais l'intention; non
la partie, mais le tout; à bien peser, non pas ce qu'est
actuellement le délinquant, mais ce qu'il a toujours été,
ou ce qu'il a été le plus longtemps. L'équité consiste
encore à se souvenir du bien qu'on a éprouvé plutôt que
du mal qu'on a souffert; du bien qu'on a reçu plutôt que
de celui qu'on a fait. Elle consiste à supporter patiemment
un dommage qu'on subit; à vouloir gagner son procès
devant la raison plutôt que matériellement; enfin, à s'en
rapporter plus volontiers à des arbitres qu'à un tribunal;

---

1. Aristote a montré mieux que personne qu'il faut un magistrat pour appliquer et interpréter la loi.

car l'arbitre peut voir ce que l'équité autorise, et le juge
ne peut voir que la loi, et l'on n'a imaginé les arbitres
que pour assurer le triomphe de l'équité.

Rhétorique, I, 13.

IV. — L'éducation.

1. — IMPORTANCE DE L'ÉDUCATION.

Quant à ce qui concerne l'époux et la femme, le père
et les enfants, et la vertu particulière de chacun d'eux,
les relations qui les unissent, leur conduite bonne ou
blâmable, et tous les actes qu'ils doivent rechercher
comme louables ou fuir comme répréhensibles, ce sont
là des objets dont il faut nécessairement s'occuper dans
les études politiques. En effet, tous ces individus tiennent
à la famille, aussi bien que la famille tient à l'État; or,
la vertu des parties doit se rapporter à celle de l'ensemble. Il importe réellement au bien de l'État que les
femmes soient vertueuses et les enfants bien élevés. Or,
c'est là nécessairement un objet de grande importance;
car les femmes composent la moitié des personnes libres;
et ce sont les enfants qui formeront un jour les membres
de l'État.

Politique, I, v.

2. — LA PREMIÈRE ÉDUCATION.

Si la naissance du corps précède celle de l'âme, la
formation de la partie irrationnelle est antérieure à celle
de la partie raisonnable. Il est bien facile de s'en convaincre : la colère, la volonté, le désir se manifestent
chez les enfants aussitôt après leur naissance; le raisonnement, l'intelligence ne se montrent, dans l'ordre
naturel des choses, que beaucoup plus tard. Il faut donc
nécessairement s'occuper du corps avant de penser à

l'âme; et après le corps, il faut songer à l'instinct, bien qu'en définitive l'on ne forme l'instinct que pour l'intelligence, et que l'on ne forme le corps qu'en vue de l'âme [1]...

Les enfants une fois nés, il faut se bien persuader que la nature de l'alimentation qui leur est donnée a la plus grande influence sur les forces corporelles. L'exemple même des autres animaux, ainsi que l'exemple des peuples qui ont souci de former le tempérament guerrier, nous prouve que la nourriture qui convient le mieux au corps est celle dont le lait fait la base, et qui écarte le vin à cause des maladies qu'il engendre [2].

Il importe aussi de savoir jusqu'à quel point il convient de leur laisser la liberté de leurs mouvements; pour éviter que leurs membres si délicats ne se déforment, quelques nations se servent, encore de nos jours, de diverses machines qui assurent à ces petits corps un développement régulier [3]. Il est utile encore, dès la plus tendre enfance, de les habituer à l'impression du froid; et cet usage n'est pas moins utile pour la santé que pour les travaux de la guerre. Aussi, bien des peuples barbares ont-ils la coutume tantôt de plonger leurs enfants dans l'eau froide, tantôt de ne leur donner qu'un vêtement fort léger; et c'est ce que font les Celtes.

Pour toutes les habitudes qu'on peut contracter, il vaut mieux s'y prendre dès l'âge le plus tendre, en ayant soin de procéder par degrés; et la chaleur naturelle des enfants leur fait très aisément affronter le froid [4]. Tels sont à peu près les soins qu'il importe le plus d'avoir pour le premier âge.

1. C'est donc toujours à l'âme que l'on pense, même en s'occupant du corps.
2. Nous modifions légèrement la traduction B. Saint-Hilaire.
3. Pur préjugé, que condamne aujourd'hui l'hygiène de l'enfance.
4. Sur l'emploi de l'eau froide et des vêtements légers, les avis sont, aujourd'hui encore, assez partagés.

Quant à l'âge qui suit celui-là et qui s'étend jusqu'à cinq ans, on ne peut encore exiger ni une application intellectuelle, ni des fatigues violentes qui arrêteraient la croissance. Mais on peut lui demander l'activité nécessaire pour éviter une entière paresse de corps. On peut alors provoquer les enfants à l'action par divers moyens, mais surtout par le jeu; et les jeux qu'on leur donne ne doivent être ni indignes d'hommes libres, ni trop pénibles, ni trop faciles. Surtout, que les magistrats chargés de l'éducation et qu'on nomme pédonomes veillent avec le plus grand soin aux paroles, aux contes qui viendront frapper ces jeunes oreilles. Tout ici doit être fait pour les préparer aux travaux qui plus tard les attendent. Que leurs jeux soient donc en général les ébauches des exercices auxquels ils se livreront dans un âge plus avancé.

On a grand tort d'ordonner par des lois de comprimer les cris et les pleurs des enfants; c'est, au contraire, un moyen de développement et une sorte d'exercice pour le corps. On se donne une force nouvelle dans un rude effort en retenant son haleine; et les enfants profitent également de leur contention à crier.

Parmi tant d'autres soins, les pédonomes veilleront aussi à ce qu'ils fréquentent le moins possible la société des esclaves; car, jusqu'à sept ans, les enfants resteront nécessairement dans la maison paternelle. Mais, malgré cette circonstance, il convient d'épargner à leurs regards et à leurs oreilles tout spectacle, toute parole indigne d'un homme libre. Le législateur devra sévèrement bannir de sa cité l'indécence des propos, comme il en bannit tout autre vice. Quand on se permet de dire des choses déshonnêtes, on est bien près de se permettre d'en faire; et l'on doit proscrire, dès l'enfance, toute parole et toute action de ce genre.

Politique, IV, 13-15.

3. — L'ÉDUCATION PUBLIQUE.

On ne saurait donc nier que l'éducation des enfants ne doive être un des objets principaux des soins du législateur. Partout où l'éducation a été négligée, l'État en a reçu une atteinte funeste. C'est que les lois doivent toujours être en rapport avec le principe de la constitution, et que les mœurs particulières de chaque cité assurent le maintien de l'État, de même qu'elles en ont seules déterminé la forme première. Des mœurs démocratiques conservent la démocratie; oligarchiques, elles conservent l'oligarchie; et, plus les mœurs sont pures, plus l'État est affermi.

Toutes les sciences, tous les arts exigent, pour qu'on y réussisse, des notions préalables, des habitudes antérieures. Il en est évidemment de même pour l'exercice de la vertu. Comme l'État tout entier n'a qu'un seul et même but, l'éducation doit être nécessairement une et identique pour tous ses membres [1]; d'où il suit qu'elle doit être un objet de surveillance publique et non particulière, bien que ce dernier système ait généralement prévalu, et qu'aujourd'hui chacun instruise ses enfants chez soi par les méthodes et, sur les objets qu'il lui plaît.

Cependant, ce qui est commun doit s'apprendre en commun; et c'est une grave erreur de croire que chaque citoyen est maître de lui-même; ils appartiennent tous à l'État, puisqu'ils en sont tous les éléments, et que les soins donnés aux parties doivent concorder avec les soins donnés à l'ensemble. A cet égard, on ne saurait trop

1. Pour les anciens, l'enfant appartenait à l'État avant d'être à ses parents. Platon, qui a donné à cette idée son expression la plus rigoureuse et systématique dans sa *République*, supprimait la famille. Aristote dit lui-même, quelques lignes plus bas, que tous les citoyens appartiennent à l'État. Néanmoins, il regarde la famille comme socialement et moralement nécessaire.

louer les Lacédémoniens. L'éducation de leurs enfants est commune et ils y attachent une importance extrême. Pour nous, il est de toute évidence que la loi doit régler l'éducation et que l'éducation doit être publique [1].

Politique, IV.

4. — LA GYMNASTIQUE.

Quand on cherche à former des athlètes, on nuit également à la grâce et à la croissance du corps. Les Spartiates, en évitant cette faute, en commettent une autre : à force d'endurcir les enfants, ils les rendent féroces, sous prétexte de les rendre courageux. Mais, je le répète encore une fois, on ne doit point s'attacher exclusivement à un seul objet, et à celui-là moins qu'à tout autre. Si l'on ne songe qu'à développer le courage, on n'atteint même pas ce but. Le courage, dans les animaux non plus que dans les hommes, n'appartient pas aux plus sauvages; il appartient, au contraire, à ceux qui réunissent la douceur et la magnanimité du lion...

Il faut donc mettre au premier rang un courage généreux, et non point la férocité. Braver noblement le danger n'est le partage ni d'un loup ni d'une bête fauve; c'est le partage exclusif de l'homme courageux. En donnant trop d'importance à cette partie toute secondaire de l'éducation, et en négligeant les objets indispensables, vous ne faites de vos enfants que de véritables manœuvres; vous n'avez voulu les rendre bons qu'à une seule occupation dans la société, et ils restent, même dans cette spécialité, inférieurs à bien d'autres, comme la raison le dit assez.

Politique, V, 4.

1. En organisant une éducation publique et en soumettant à des lois et règlements l'éducation privée, nous reconnaissons plus volontiers aujourd'hui la liberté de l'individu et les droits de la famille. Rien ne saurait justifier la « nationalisation » de l'enfant.

LES STOÏCIENS

I. — Le devoir.

1. — SOUVERAINETÉ DE LA RAISON.

Par l'honnète, nous entendons ce qui est tel que, faisent abstraction de toute sorte d'utilité et sans aucune vue d'intérêt, on puisse y attacher de l'estime et de la gloire : et quoique cette définition en donne à peu près l'idée, on le connaît encore mieux par le témoignage universel de l'opinion, et par l'exemple de tant d'hommes vertueux, qui, sans aucun autre motif que celui du beau, du juste et de l'honnète, ont fait bien des choses dont ils voyaient aisément qu'ils n'avaient nul avantage à espérer. Quelle est, en effet, la principale supériorité de l'homme sur les bêtes? C'est ce noble présent de la nature, la raison; cette intelligence vive et perçante, qui examine, qui pénètre plusieurs choses en même temps; cette sagacité d'esprit, qui voit les causes et les conséquences, qui établit les rapports, qui joint les objets séparés, qui assemble l'avenir avec le présent, et qui comprend l'état de tout le cours de la vie.

Par la raison, l'homme recherche la société des autres hommes, et il se conforme à leurs manières, à leur langage, à leurs coutumes; en sorte que de l'amitié de ses parents et de sa famille, il passe à celle de ses concitoyens, et s'étend enfin à celle de tous les mortels. L'homme, ainsi que Platon l'écrivait à Archytas, doit se souvenir qu'il n'est pas né seulement pour lui, mais pour les siens et pour sa patrie, et qu'il ne lui reste qu'une petite portion de lui-même dont il soit le maître. De plus, comme l'envie de découvrir la vérité lui est naturelle (ce qui se voit aisément, lorsque, dans notre loisir, nous cherchons même à savoir les mystères célestes), de là vient que nous aimons tout ce qui est vrai, comme la fidélité, la simplicité, la constance; et que nous haïssons tout ce qui est faux et qui nous trompe, comme la fraude, le parjure, la malignité, l'injustice. Enfin, la raison a en elle-même je ne sais quelle force sublime et fière, plus faite pour commander que pour obéir, et qui regarde tous les accidents humains non seulement comme supportables, mais comme indifférents : véritable puissance de l'âme, qui n'a peur de rien, ne cède à personne, et garde toujours la victoire. A ces trois divisions de l'honnête, la justice, la prudence et la force, se joint un quatrième genre de beauté, l'ordre et la proportion, qu'on transporte des objets sensibles aux choses morales, et qui, se conformant aux trois premières vertus, règle de telle sorte les discours et les actions, qu'on évite la témérité, qu'on ne nuit à personne, ni de paroles ni autrement, et qu'on se garde bien de rien faire et de rien dire qui paraisse indigne d'un noble caractère.

CICÉRON, *Des vrais biens et des vrais maux*, livre II, xiv, trad. J. V. Leclerc.

2. — ORIGINE DIVINE DU DEVOIR.

Les autres êtres ne sont-ils pas, eux aussi des œuvres de Dieu? Oui, mais ils ne sont pas nés pour commander, et ils ne sont pas des parties de Dieu. Toi, tu es né pour commander; tu es un fragment détaché de la divinité;

tu as en toi une partie de son être. Pourquoi donc méconnais-tu ta noble origine? Ne sais-tu pas d'où tu es venu? Ne consentiras-tu pas à te rappeler, quand tu es à table, qui tu es, toi qui es à table, et qui tu nourris en toi? Lorsque tu causes avec quelqu'un, lorsque tu l'exerces, lorsque tu discutes, ne sais-tu pas que tu nourris en toi un Dieu? C'est un Dieu que tu exerces! Un Dieu que tu portes partout; et tu n'en sais rien, malheureux! Et crois-tu que je parle ici d'un Dieu d'argent ou d'or en dehors de toi? Le Dieu dont je parle, tu le portes en toi-même; et tu ne t'aperçois pas que tu le souilles par tes pensées impures et tes actions infâmes!... Dieu ne s'est pas borné à te créer; il t'a confié à toi-même, remis en garde à toi-même. Ne te le rappelleras-tu pas? Et souilleras-tu ce qu'il t'a confié? Si Dieu avait remis un orphelin à ta garde, est-ce que tu le négligerais ainsi? Il t'a commis toi-même à toi-même, et il t'a dit : « Je n'ai personne à qui je me fie plus qu'à toi : garde-moi cet homme tel qu'il est né, honnête, sûr, à l'âme haute, au-dessus de la crainte, des troubles et des perturbations. » Et toi tu ne le gardes pas!

ÉPICTÈTE, *Entretiens*, XXXII, trad. Guyau. (Delagrave, édit.)

3. — LE DEVOIR ET LE PLAISIR.

Comme en un champ labouré pour la moisson quelques fleurs naissent par intervalles, bien que ce ne soit pas pour de minces bluets, qui pourtant réjouissent les yeux, qu'on a dépensé tant de travail; l'objet du semeur était autre : la fleur est venue par surcroît; de même le plaisir n'est ni le salaire, ni le mobile de la vertu, il en est l'accessoire; ce n'est pas parce qu'elle donne du plaisir qu'on l'aime; c'est parce qu'on l'aime qu'elle donne du plaisir. Le souverain bien est dans le jugement même et la disposition d'un esprit excellent. Tu te méprends donc quand tu demandes pour quel motif

j'aspire à la vertu; c'est chercher quelque chose au-
dessus du sommet des choses. Ce que je cherche dans
la vertu? Elle-même : elle n'a rien de meilleur, elle est
à elle même son salaire. Trouves-tu que ce soit trop
peu? Si je te dis : le souverain bien, c'est une inflexible
rigidité de principes, c'est une prévoyance judicieuse,
c'est la sagesse, l'indépendance, l'harmonie, la dignité.
Exigeras-tu encore un plus haut attribut, pour y rat-
tacher tous ceux-ci? Que me parles-tu de plaisir? Je
cherche le bonheur de l'homme, non de l'estomac, qui
chez le bœuf ou la bête féroce a plus de capacité.

SÉNÈQUE, *De la vie heureuse*, IX, trad. Baillard.
(Hachette et C¹ᵉ, édit.)

4. — L'INTENTION FAIT LA VALEUR DE L'ACTION.

Les mêmes choses sont ou honteuses ou honnêtes
selon l'intention ou la manière dont on les fait. Or elles
sont toujours honnêtes si c'est à l'honnête que nous
sommes voués, si nous n'estimons de bien sur la terre
que l'honnête et ce qui s'y rattache. Toutes les autres
choses ne sont des biens que par accident. On doit donc
se pénétrer de convictions qui dominent l'ensemble de
la vie : je les appelle dogmes. Telle que sera la conviction, telles seront les œuvres et les pensées; or les
œuvres et les pensées, c'est la vie. Des conseils détachés
sont trop peu pour ordonner tout un système. M. Brutus,
dans le livre qu'il a intitulé *Des devoirs*, donne force préceptes aux parents, aux enfants, aux frères; mais nul ne
les exécutera comme il faut, s'il n'a des principes où
les rapporter. Il faut se proposer un but de perfection
vers lequel tendent nos efforts et qu'envisagent tous
nos actes, toutes nos paroles, comme le navigateur a
son étoile pour le diriger dans sa course. Vivre sans
but, c'est vivre à l'aventure.

SÉNÈQUE, *Lettres à Lucilius*, XCV, trad. Baillard.
(Hachette et C¹ᵉ, édit.)

5. — LE BIEN DE L'HOMME ET LE DEVOIR.

Si tu trouves mieux dans la vie humaine que la justice, la vérité, la tempérance, le courage, en un mot que la vertu qui consiste pour ton intelligence à se suffire à elle-même pour les actes où elle te soumet à la droite raison et à s'en remettre au destin pour tout ce qui est réglé sans ta volonté; si tu vois, dis-je, quelque chose de mieux, il faut te tourner de ce côté avec toute ton âme et jouir de la perfection ainsi trouvée. Mais si tu ne découvres rien de mieux que ce génie même qui réside en toi, qui soumet à ses ordres ses propres désirs, et à son contrôle les imaginations, qui s'arrache, comme dit Socrate, aux entraînements des sens, qui se soumet lui-même aux dieux et donne aux hommes son affection; si auprès de lui tout le reste te paraît petit et de peu de prix, ne livre la place à aucun autre objet... Choisis donc, te dis-je, franchement et en homme libre, ce qu'il y a de mieux, et pour t'y tenir. — Mais le bien, c'est l'utile. — Si c'est l'utile de l'être raisonnable, il faut t'y attacher; si c'est celui de l'animal, il faut le renier et garder sans orgueil la liberté de ton jugement, afin qu'au moins tu en fasses avec sûreté l'examen...

Ne regarde point autour de toi les jugements des autres, mais regarde droit devant toi vers quoi te dirige la nature; la nature de l'univers par ce qui t'arrive, la tienne par les actions auxquelles le devoir t'oblige. Et le devoir de chacun, c'est ce qui répond à son organisation; or, les autres êtres ont été organisés en vue des êtres raisonnables, comme en toutes choses l'inférieur en vue du supérieur, et les êtres raisonnables les uns pour les autres. Ainsi, ce qui domine dans l'organisation de l'homme, c'est la sociabilité. Ensuite, vient la résistance aux entraînements du corps; car c'est le propre de l'activité raisonnable et spirituelle de tracer ses bornes autour de soi, et de ne jamais succomber sous l'action des sens ni des appétits; car cela est de l'animal; l'intelligence réclame la primauté, qui ne saurait subir leur domination. Et c'est justice, puisqu'elle est née pour se servir de tout cela.

En troisième lieu, l'organisation raisonnable comporte le pouvoir d'éviter les préjugés et les erreurs. Que l'esprit ainsi pourvu marche droit; il a tout ce qui lui appartient...

MARC-AURÈLE, Pensées, liv. III, 6; VII, 55.

II. — La liberté.

1. — QUELLES SONT LES CHOSES QUI DÉPENDENT DE NOUS?

Parmi les choses, les unes dépendent de nous, les autres n'en dépendent pas. Celles qui dépendent de nous, c'est l'opinion, le vouloir, le désir, l'aversion, en un mot, tout ce qui est notre œuvre. Celles qui ne dépendent pas de nous, c'est le corps, les biens, la réputation, les dignités, en un mot, tout ce qui n'est pas notre œuvre.

Et les choses qui dépendent de nous sont, par nature, libres; nul ne peut les empêcher, rien ne peut les entraver; mais celles qui ne dépendent pas de nous sont impuissantes, esclaves, sujettes à empêchement, étrangères à nous.

Souviens-toi donc que, si tu crois libres ces choses qui de leur nature sont esclaves, et propres à toi celles qui sont étrangères, tu seras entravé, affligé, troublé, tu accuseras dieux et hommes. Mais si tu crois tien cela seul qui est tien, et étranger ce qui en effet t'est étranger, nul ne te forcera jamais à faire une chose, nul ne t'en empêchera; tu ne te plaindras de personne, tu n'accuseras personne; tu ne feras pas involontairement une seule action; personne ne te nuira; et d'ennemi, tu n'en auras point, car tu ne pourras pas même souffrir rien de nuisible.

Aspirant donc à de si grandes choses, souviens-toi que ce n'est pas avec une ardeur médiocre qu'il faut t'y appliquer; parmi les objets étrangers, tu dois pour jamais dire adieu aux uns, et pour le présent ajourner les autres. Car, si tu veux avoir en même temps et les vrais biens et les dignités ou les richesses, peut-être n'obtiendras-tu même pas ces dernières pour avoir désiré les autres; mais à coup sûr tu n'obtiendras pas les biens qui donnent seuls liberté et bonheur.

Aussitôt donc, devant toute imagination pénible, exerce-toi à dire : Tu es imagination et apparence, nullement l'objet que tu parais être. — Ensuite, sonde-la, et juge-la avec les règles que tu possèdes : la première et la principale, c'est de voir s'il s'agit des choses qui dépendent de nous ou de celles qui n'en dépendent pas. S'agit-il de ces dernières, sois prêt à dire : Il n'y a rien là qui me regarde, moi.

ÉPICTÈTE, Manuel, I, trad. Guyau. (Delagrave, édit.)

2. — DE CE QUI NOUS APPARTIENT.

Ce qui trouble les hommes, ce ne sont pas les choses, mais les opinions sur les choses. Par exemple, la mort n'est rien de terrible, car Socrate aussi l'aurait trouvée terrible; mais notre opinion sur la mort, qui nous la fait regarder comme terrible, voilà ce qui est terrible. Lors donc que nous sommes entravés, ou troublés, ou affligés, n'accusons jamais autrui, mais nous-mêmes, c'est-à-dire nos opinions. Œuvre d'ignorant que d'accuser les autres de ses propres maux; l'homme qui commence à s'instruire s'accuse lui-même; l'homme instruit, ni les autres ni soi...

Sur quoi que ce soit, ne dis jamais : J'ai perdu cela; mais, je l'ai rendu. Ton fils est mort? tu l'as rendu. Ta femme est morte? tu l'as rendue. — On m'a pris ma terre : encore une chose que tu as rendue. — Mais c'est un méchant qui me l'a prise? — Que t'importe par qui celui qui te l'a donnée te l'a redemandée? Tant qu'il te la laisse, uses-en comme d'une chose étrangère, comme usent d'une hôtellerie ceux qui passent [1].

Si tu veux que tes enfants et ta femme et tes amis vivent toujours, tu es fou; car tu veux que les choses qui ne dépendent pas de toi en dépendent, et que celles qui te sont étrangères soient tiennes. De même, si tu veux que ton esclave ne fasse pas de faute, tu es un sot : car tu veux que le vice ne soit pas le vice, mais autre chose. Au contraire, si tu veux ne pas être frustré dans tes désirs, tu le peux. Applique-toi donc à ce que tu peux. Celui-là est toujours maître d'un autre homme, qui a le pouvoir de lui procurer ce qui lui plaît, de lui ôter ce qui lui déplaît. Tu veux être libre : ne désire ou ne fuis rien de ce qui dépend d'autrui; sinon, tu seras nécessairement esclave.

ÉPICTÈTE, *Manuel*, V, xi, xiv, trad. Guyau. (Delagrave, édit.

3. — LA LIBERTÉ EST EN NOUS.

La terre tout entière est un point; et quelle est l'étendue du recoin qui en est habité? et dans ce recoin combien d'hommes et quels hommes feront ton éloge? Souviens-toi donc désormais de chercher une retraite dans le petit domaine de ton âme; et avant tout, pas de tiraillements ni de tension forcée : sois libre et regarde les choses comme le doit faire une âme forte, un homme,

1. A force de vouloir élever le sage au-dessus de tous les accidents et le soustraire à toutes les servitudes de la vie, le Stoïcisme en méconnaît les obligations. Cette insensibilité n'est plus vertu, et cette indépendance de la raison finirait par rejoindre l'égoïsme.

un citoyen, un être mortel. Et qu'au nombre des idées les plus familières et qui occupent ton attention soient les deux suivantes : l'une est que les objets ne touchent pas notre âme, mais restent hors d'elle, impassibles; et que les troubles ne naissent qu'au dedans de nous et de notre opinion. L'autre est que tout ce que tu vois est en train de changer et n'existera plus.

MARC-AURÈLE, Pensées, liv. IV, 3.

4. — EN QUOI CONSISTE LE VÉRITABLE ESCLAVAGE.

Puis donc que ni ceux qu'on appelle rois, ni ceux qui sont les amis des rois, ne vivent comme ils le veulent, qui est-ce qui est libre? Cherche, et tu le trouveras; car la nature t'a donné plus d'une voie pour découvrir la vérité. — Crois-tu que la liberté soit une chose d'importance, une noble chose, une chose de prix? — Comment non? — Se peut-il donc qu'un homme qui possède une chose de cette importance, de cette valeur, de cette élévation, ait le cœur bas? — Cela ne se peut. — Lors donc que tu verras quelqu'un s'abaisser devant un autre, et le flatter contre sa conviction, dis hardiment que celui-là n'est point libre, non pas seulement quand c'est pour un dîner qu'il agit ainsi, mais encore lorsque c'est pour un gouvernement ou pour le consulat. Appelle petits esclaves ceux qui se conduisent ainsi pour un petit salaire; mais, ces autres, appelle-les de grands esclaves; ils le méritent bien. — Soit pour ceci encore. — Crois-tu d'autre part que la liberté soit l'indépendance et la pleine disposition de soi-même? — Comment non? — Tous ceux donc aussi qu'il est au pouvoir d'un autre d'entraver ou de contraindre, dis hardiment qu'ils ne sont pas libres. Ne regarde pas aux pères et aux grands-pères, ne cherche pas si l'on a été acheté ou vendu; mais, dès que tu

entendras quelqu'un dire : « maître », sérieusement et
de cœur, appelle-le esclave, alors même que douze
faisceaux marcheraient devant lui. Plus simplement,
qui que ce soit que tu voies pleurer [1], se plaindre, se
trouver malheureux, appelle-le esclave, quand même il
porterait la robe bordée de pourpre.

ÉPICTÈTE, *Entretiens*, LXV, trad. Guyau. (Delagrave, édit.)

III. — La force d'âme.

1. — LA VERTU EST UNE LUTTE.

Si l'image de quelque volupté se présente, veille sur
toi, comme tu fais pour toutes les autres images, et ne
te laisse pas emporter par elle, mais que la chose t'at-
tende, et obtiens de toi-même quelque délai. Ensuite,
compare les deux moments, l'un où tu jouiras de la
volupté, l'autre où, après en avoir joui, tu te repentiras
et te feras à toi-même des reproches; puis, oppose-leur
la joie que tu éprouveras si tu t'abstiens, et les louanges
que tu te donneras à toi-même. Te semble-t-il opportun
d'entreprendre l'action? prends garde de te laisser
vaincre par ses charmes et ses plaisirs et ses séduc-
tions; mais oppose-leur une chose qui vaut mieux : la
conscience d'avoir soi-même vaincu dans ce combat.

ÉPICTÈTE, *Manuel*, XXXIV, trad. Guyau. (Delagrave, édit.)

1. Nous retrouvons ici ce rigorisme du « stoïque aux yeux
secs », dont la vertu intraitable condamne sans distinction toutes
les larmes; sans raison aussi, car il y a des larmes qui révèlent
non la lâcheté, mais la grandeur de l'homme et sa noblesse.

2. — A QUOI SERT LA FORCE D'AME.

Vespasien avait envoyé dire à Priscus Helvidius de ne pas aller au Sénat : « Il est en ton pouvoir, lui répondit-il, de ne pas me laisser être du Sénat; mais tant que j'en serai, il faut que j'y aille. — Eh bien! vas-y, lui dit l'empereur, mais tais-toi. — Ne m'interroge pas, et je me tairai. — Mais il faut que je t'interroge. — Et moi, il faut que je dise ce qui me semble juste. — Si tu le dis, je te ferai mourir. — Quand t'ai-je dit que j'étais immortel? Tu rempliras ton rôle, et je remplirai le mien. Ton rôle est de faire mourir; le mien est de mourir sans trembler. Ton rôle est d'exiler, le mien est de partir sans chagrin. » A quoi servit cette conduite de Priscus, seul comme il était? Mais en quoi la pourpre sert-elle au manteau? Que fait-elle autre chose que de ressortir sur lui en sa qualité de pourpre, et d'y être, pour le reste, un spécimen de beauté?

ÉPICTÈTE, *Entretiens*, IV, trad. Guyau. (Delagrave, édit.)

3. — C'EST LA FORCE D'AME QUI NOUS REND LIBRES.

Souviens-toi que l'esprit qui commande en toi devient inexpugnable lorsque, se repliant au dedans, il se suffit à soi-même, et ne fait pas ce qu'il ne veut pas, même s'il résiste sans raison. Que sera-ce donc si c'est avec la raison et après examen, qu'il se prononce? Voilà pourquoi c'est une citadelle qu'une intelligence libre de passion; car l'homme n'a pas de meilleur refuge pour être désormais en sécurité. Celui qui ne le sait pas est ignorant, celui qui le sait et ne s'y réfugie pas est malheureux.

MARC-AURÈLE, *Pensées*, liv. VII, 48.

4. — COMMENT IL FAUT TIRER PROFIT DU MALHEUR.

Être semblable au promontoire, auquel constamment viennent se briser les flots. Il se dresse, immobile; et autour de lui reste, impuissant, le bouillonnement des eaux.

Quel malheur pour moi que cet accident! Ce n'est pas ce qu'il faut dire : mais quel bonheur qu'après cet accident je vive sans chagrin, sans être abattu par le présent, sans être effrayé de ce qui va venir. En effet, semblable chose pouvait arriver à n'importe qui; mais n'importe qui n'aurait pas pu le supporter sans chagrin. Pourquoi donc appeler cela un malheur plutôt que ceci un bonheur? Appelles-tu absolument malheur de l'homme ce qui n'empêche point l'homme d'atteindre le but de sa nature? Et trouves-tu que l'homme puisse être écarté du but de sa nature par ce qui ne va pas contre la volonté de cette nature? Eh quoi! Cette volonté, tu la connais. Est-ce que cet accident t'empêche d'être juste, magnanime, tempérant, sage, véridique, modeste, libre, etc., enfin d'avoir les vertus dont la présence donne à la nature de l'homme tout ce qui lui est propre? Souviens-toi désormais, à propos de tout ce qui te portera au chagrin, d'user de cette maxime, et de dire non pas que l'accident est un malheur, mais que le upp orter avec courage est un bonheur.

MARC-AURÈLE, *Pensées*, liv. IV, 48.

5. — L'ÉGALITÉ D'HUMEUR.

De Maximus : Être maître de soi [1], n'être jamais versatile; être vaillant dans tous les contre-temps et sur-

1. Nous respectons dans la traduction le style décousu de ces notes, sur les renseignements à retenir de la vie de Maximus.

tout dans les maladies; égalité d'humeur accompagnée
de douceur et de gravité; s'acquitter sans se plaindre
de la tâche qui se présente; donner à tous quand il
parlait la confiance qu'il pensait de même, et quand il
agissait qu'il agissait pour bien faire; n'être étonné de
rien, surpris de rien; ni précipitation, ni lenteur, ni
indolence, ni irrésolution, ni abattement, ni enjouement
alternant avec la colère ou la mauvaise humeur; la
bienfaisance et l'esprit de pardon; ne jamais mentir
et présenter l'image d'un homme naturellement droit
plutôt que redressé; personne ne se crut jamais mé-
prisé par lui, ni n'osa se considérer comme meilleur
que lui; enfin charmer par sa bonne grâce.

Marc-Aurèle, *Pensées*, liv. I, 15.

6. — L'EXAMEN DE CONSCIENCE.

Il faut tous les jours appeler l'âme à rendre ses
comptes. Ainsi faisait Sextius. La journée finie, prêt à
se livrer au repos de la nuit, il interrogeait son âme :
De quel défaut t'es-tu guérie? A quel vice as-tu résisté?
En quoi es-tu meilleure? La colère cédera ou se modé-
rera, si elle sait que chaque jour elle passera en jugement. Quoi de plus beau que cette habitude de scruter
ainsi toute sa journée? Quel sommeil que celui qui
vient après cette revue de soi-même! Comme il est tran-
quille, profond et libre, après qu'ont été distribués
l'éloge et la remontrance, après que ce droit d'enquête
et de censure a été secrètement exercé par l'âme sur
elle-même! — J'use du même droit, et me cite chaque
jour à mon tribunal. Quand on a emporté la lumière,
et que ma femme, qui sait ma coutume, a fait silence,
je fouille toute ma journée, je reviens sur toutes mes
actions et toutes mes paroles. Je ne me cache rien, je ne
me passe rien. De laquelle de mes fautes aurais-je peur,

en effet, quand je puis me dire : Veille à ne pas recommencer? Pour aujourd'hui, je te pardonne. Dans cette discussion tu as mis trop d'emportement; une autre fois, ne te commets point avec des ignorants. Ceux qui n'ont jamais appris ne veulent point apprendre. A celui-là tu as donné un avertissement plus brusque qu'il ne convient : au lieu de le corriger, tu l'as offensé. Il faut se préoccuper non seulement de la vérité à dire, mais de l'humeur de celui à qui on la veut faire entendre.

Sénèque, De la Colère, III, 36. (Trad. de Thamin, dans Un problème moral dans l'antiquité, p. 208-209.)

IV. — L'amour des hommes.

1. — L'HUMANITÉ ET LA VERTU.

De tout ce qui est honnête, rien n'a plus d'éclat et ne s'étend plus loin que l'union des hommes avec les hommes, cette association où tous les avantages se confondent, cette charité commune, cet amour de l'humanité. Le sentiment dont je parle commence d'abord par l'amour des pères pour leurs enfants; puis, joignant les familles par les liens du mariage et de l'affinité, il s'étend au dehors, premièrement par les branches des parentés plus éloignées, ensuite par des alliances et des amitiés contractées, par les liaisons que forme le voisinage des demeures, par l'usage commun des mêmes coutumes et des mêmes lois, par les traités et les confédérations d'un peuple avec un autre, et enfin par le lien général de tous les hommes ensemble. Lorsque, dans cette union universelle, on rend à chacun ce qui lui appartient, et qu'on maintient une égalité convenable dans tout le genre humain, cela s'appelle justice; et la justice est toujours accompagnée de piété,

de bonté, de douceur, de bienfaisance et des autres
qualités semblables; mais tous ces traits ne lui appartiennent pas tellement en propre, qu'ils ne soient communs à toutes les autres vertus. Car, telle étant la
nature de l'homme, qu'il semble né pour la société, il
faut que chaque vertu, dans toutes les actions qui lui
sont propres, contribue aux liens de cette société, et
qu'elle ne les blesse en rien; et il faut pareillement que
la justice, dont l'influence se répand sur les autres
vertus, les embrasse toutes; car il n'y a de vraiment
juste qu'un homme ferme et sage. Comme donc ce qui
est honnête est, ou la vertu même, ou ce que la vertu
inspire, ce mutuel concert, et cette tendance unanime
de toutes les vertus à une même fin, voilà proprement
ce que nous appelons honnête; et, quand la vie d'un
homme y est conforme dans tous ses sentiments et
toutes ses actions, elle doit être regardée comme une
vie sage, droite, honnête, irréprochable et véritablement convenable à la nature.

> CICÉRON, *Des vrais biens et des vrais maux*, liv. V, XXIII,
> trad. J. V. Leclerc.

2. — LA SOLIDARITÉ HUMAINE.

Comment faut-il agir avec les hommes? Qu'y répon-
dons-nous, et quels sont nos préceptes? Qu'on épargne
le sang humain? Combien c'est peu de ne pas nuire à
qui l'on doit faire du bien! La belle gloire en effet pour
un homme de n'être point féroce envers son semblable!
Nous lui prescrivons de tendre la main au naufragé, de
montrer la route à l'homme qui s'égare, de partager son
pain avec celui qui a faim. Quand aurai-je fini de dire
tout ce dont il doit s'acquitter ou s'abstenir, moi qui
puis lui tracer en ce peu de mots la formule du devoir
humain : ce monde que tu vois, qui comprend le
domaine des dieux et des hommes, est un : nous sommes

les membres d'un grand corps. La nature nous a créés parents, en nous tirant des mêmes principes et pour les mêmes fins. Elle a mis en nous un amour mutuel et nous a faits sociables; elle a établi le droit et le juste, elle a décrété que l'auteur du mal serait plus à plaindre que celui qui le souffre; elle commande, et je trouve toutes prêtes des mains secourables. Qu'elle soit dans nos cœurs et sur nos lèvres cette maxime du poète :

Ah! rien d'humain ne m'est étranger, je suis homme.

Qu'elle y soit toujours; nous sommes nés pour le bien commun. La société est l'image exacte d'une voûte qui croulerait avec toutes ses pierres, si leur mutuelle résistance n'assurait seule sa solidité.

SÉNÈQUE, *Lettres à Lucilius*, XCV, trad. Baillard.
(Hachette et Cⁱᵉ, édit.)

3. — LES ESCLAVES SONT DES HOMMES.

J'apprends avec plaisir de ceux qui viennent d'auprès de toi que tu vis en famille avec tes serviteurs : cela fait honneur à ta sagesse, à tes lumières. « Ils sont esclaves? » Non, ils sont hommes. « Esclaves? » Non, mais compagnons de tente avec toi. « Esclaves? » Non, ce sont des amis d'humble condition, tes coesclaves, dois-tu dire, si tu songes que le sort peut autant sur toi que sur eux. Aussi ne puis-je que rire de ceux qui tiennent à déshonneur de souper avec leur esclave, et cela parce que l'orgueilleuse étiquette veut qu'un maître à son repas soit entouré d'une foule de valets tous debout...
Songe donc que cet être que tu appelles ton esclave a eu même naissance que toi, qu'il jouit du même ciel, qu'il respire le même air, qu'il vit et meurt comme toi. Tu peux le voir libre, il peut te voir esclave. Lors du désastre de Varus, que de personnages de la plus haute naissance, à qui leurs emplois militaires allaient ouvrir

10

le Sénat, furent dégradés par la fortune jusqu'à devenir pâtres ou gardiens de cabanes! Après cela, méprise des hommes au rang desquels, avec tes mépris, tu peux passer demain!

Je ne veux pas étendre à l'infini mon texte, ni faire une dissertation sur la conduite à tenir envers nos domestiques traités par nous avec tant de hauteur, de cruautés, d'humiliations [1]. Voici toutefois ma doctrine en deux mots : Sois avec ton inférieur comme tu voudrais que ton supérieur fût avec toi. Chaque fois que tu songeras à l'étendue de tes droits sur ton esclave, chaque fois tu dois songer que ton maître en a d'égaux sur toi. « Mon maître! vas-tu dire, mais je n'en ai point. » Tu es jeune encore : tu peux en avoir un jour. Ignores-tu à quel âge Hécube fit l'apprentissage de la servitude? Et Crésus! Et la mère de Darius! Et Platon! Et Diogène! Montre à ton esclave de la bienveillance : admets-le dans ta compagnie, à ton entretien, à tes conseils, à ta table...

On me dira que j'appelle les esclaves à l'indépendance, que je dégrade les maîtres de leur prérogative, parce qu'à la crainte je préfère le respect; oui, je le préfère, et j'entends par là un respect de clients, de protégés. Mes contradicteurs oublient donc que c'est bien assez pour des maîtres qu'un tribut dont Dieu se contente : le respect et l'amour. Or amour et crainte ne peuvent s'allier. Aussi fais-tu très bien, selon moi, de ne vouloir pas que tes gens tremblent devant toi et de n'employer que les corrections verbales. Les coups ne corrigent que la brute.

SÉNÈQUE, Lettres à Lucilius, XLVII, trad Baillard.
(Hachette et Cie, édit.)

---

1. C'est un point sur lequel nous avons, aujourd'hui encore, beaucoup à apprendre. Ces formules de Sénèque condamnent l'attitude de la plupart d'entre nous vis-à-vis de leurs domestiques. Voir *infrà* le morceau de Fénelon sur les Domestiques.

4. — L'HOMME DOIT SUPPORTER ET AIMER SES SEMBLABLES.

Commencer le matin par se dire : je rencontrerai un importun, un ingrat, un insolent, un fourbe, un envieux, un homme insociable. Tous ces défauts leur sont venus de l'ignorance des biens et des maux. Mais moi qui sais, pour en avoir vu clairement la nature, que le bien est ce qui est beau, le mal ce qui est laid; qui sais la nature de celui même qui m'offense et qu'il est mon parent non par le sang mais par l'esprit et par notre participation à Dieu, ces hommes ne peuvent me nuire. Car aucun d'eux ne me jettera dans la laideur morale. Je ne puis non plus me mettre en colère contre mon parent, ni le détester. Car nous sommes nés pour travailler ensemble, comme les pieds, comme les mains, comme les paupières, comme les mâchoires, celle d'en haut et celle d'en bas. Ainsi notre hostilité réciproque est contre nature; or l'indignation et l'aversion sont de l'hostilité...

Le même rapport qui, dans les individus, existe entre les membres du corps existe aussi, bien qu'en des êtres séparés, entre les esprits, car ils sont faits pour une certaine collaboration. Et tu en sentiras plus vivement la pensée, si tu te dis souvent à toi-même : je suis un *membre* du corps que forment les êtres raisonnables[1]. Mais si tu dis seulement que tu en fais *partie*, tu n'aimes pas encore les hommes de tout ton cœur; la bienfaisance ne te réjouit pas encore par elle-même; c'est encore par bienséance que tu leur fais du bien; tu n'y vois pas encore ton bien propre... C'est le propre de l'homme d'aimer même ceux qui l'offensent. Cela t'arri-

1. Kant dira, en forçant l'idée d'autonomie, un citoyen de la République des volontés libres et raisonnables.

vera si l'idée te vient qu'ils sont aussi de ta famille et
que c'est par ignorance, malgré eux, qu'ils tombent en
faute; que vous mourrez bientôt, eux et toi; avant tout,
qu'on ne te fait pas de tort; car on n'a pas rendu ton
âme pire qu'elle n'était avant.

MARC-AURÈLE, *Pensées*, liv. II, 1; liv. VII, 13, 22.

MONTAIGNE [1]

___

I. — Connais-toi toi-même.

Nous ne sommes jamais chez nous; nous sommes toujours au delà; la crainte, le désir, l'espérance nous élancent vers l'avenir, et nous dérobent le sentiment et la considération de ce qui est, pour nous amuser à ce qui sera, voire quand nous ne serons plus.

Ce grand précepte est souvent allégué en Platon : « Fais ton fait, et te connais. » Chacun de ces deux membres enveloppe généralement tout notre devoir, et semblablement son compagnon [2]. Qui aurait à faire son fait verrait que sa première leçon, c'est connaître ce qu'il est, et ce qui lui est propre : et qui se connaît ne prend plus le fait étranger pour le sien; s'aime et se cultive avant toute autre chose; refuse les occupations superflues, et les pensées et propositions inutiles. Comme la folie, quand on lui octroiera ce qu'elle désire, ne sera pas contente, aussi est la sagesse contente de ce qui est présent, ne se déplaît jamais de soi.

Essais, liv. I, chap. III.

II. — Le témoignage de la conscience.

Il n'est vice véritablement vice qui n'offense, et qu'un jugement entier n'accuse; car il a de la laideur et

1. Ces extraits de Montaigne ont été empruntés à l'édition de Jeanroy. (Hachette et Cie, édit.)
2. L'autre proposition ou membre de la formule.

incommodité si apparente qu'à l'aventure ceux-là ont
raison qui disent qu'il est principalement produit par
bêtise et ignorance : tant est-il malaisé qu'on le connaisse sans le haïr! La malice hume la plupart de
son propre venin et s'en empoisonne. Le vice laisse,
comme un ulcère en la chair, une repentance en l'âme,
qui toujours s'égratigne et s'ensanglante elle-même :
car la raison efface les autres tristesses et douleurs,
mais elle engendre celle de la repentance, qui est plus
griève d'autant qu'elle naît au dedans, comme le froid
et le chaud des fièvres est plus poignant que celui qui
vient du dehors.

Il n'est pareillement bonté qui ne réjouisse une
nature bien née; il y a, certes, je ne sais quelle congra-
tulation de bien faire, qui nous réjouit en nous-
mêmes, et une fierté généreuse qui accompagne la
bonne conscience : une âme courageusement vicieuse
se peut, à l'aventure, garnir de sécurité; mais de cette
complaisance et satisfaction, elle ne s'en peut fournir.
Ce n'est pas un léger plaisir de se sentir préservé de
la contagion d'un siècle si gâté, et de dire en soi :
« Qui me verrait jusques dans l'âme, encore ne me
trouverait-il coupable, ni de l'affliction et ruine de
personne, ni de vengeance ou d'envie, ni d'offense
publique des lois, ni de nouveauté et de trouble, ni de
faute à ma parole; et, quoi que la licence du temps
permît et apprît à chacun, si n'ai-je mis la main ni ès
biens, ni en la bourse d'homme français, et n'ai vécu
que sur la mienne, non plus en guerre qu'en paix, ni
ne me suis servi du travail de personne sans loyer. »
Ces témoignages de la conscience plaisent; et nous est
grand bénéfice que cette éjouissance naturelle, et le
seul paiement qui jamais ne nous manque.

Essais, liv. III, 2.

Qui n'est homme de bien que parce qu'on le saura, et parce qu'on l'en estimera mieux après l'avoir su; qui ne veut bien faire qu'en condition que sa vertu vienne à la connaissance des hommes, celui-là n'est pas personne de qui on puisse tirer beaucoup de service...

Il faut aller à la guerre pour son devoir, et en attendre cette récompense, qui ne peut faillir à toutes belles actions, pour occultes qu'elles soient, non pas même aux vertueuses pensées ; c'est le contentement qu'une conscience bien réglée reçoit, en soi, de bien faire. Il faut être vaillant pour soi-même, et pour l'avantage que c'est d'avoir son courage logé en une assiette ferme et assurée contre les assauts de la fortune.

Ce n'est pas pour la montre que notre âme doit jouer son rôle; c'est chez nous, au dedans, où nuls yeux ne donnent que les nôtres : là elle nous couvre de la crainte de la mort, des douleurs et de la honte même; elle nous assure là de la perte de nos enfants, de nos amis et de nos fortunes; et quand l'opportunité s'y présente, elle nous conduit aussi aux hasards de la guerre. Ce profit est bien plus grand, et bien plus digne d'être souhaité et espéré que l'honneur et la gloire, qui n'est autre chose qu'un favorable jugement qu'on fait de nous.

Essais, liv. II, xvi.

III. — La vertu réclame l'effort.

Il me semble que la vertu est chose autre, et plus noble, que les inclinations à la bonté qui naissent en nous. Les âmes réglées d'elles-mêmes et bien nées, elles suivent même train, et représentent, en leurs actions, même visage que les vertueuses; mais la vertu sonne je ne sais quoi de plus grand et de plus actif que de se laisser, par une heureuse complexion, douce-

ment et paisiblement conduire à la suite de la raison.
Celui qui, d'une douceur et facilité naturelle, mépri-
serait les offenses reçues, ferait chose très belle et
digne de louange ; mais celui qui, piqué et outré
jusques au vif d'une offense, s'armerait des armes de la
raison contre ce furieux appétit de vengeance, et, après
un grand conflit, s'en rendrait enfin maître, ferait sans
doute beaucoup plus. Celui-là ferait bien ; et celui-ci,
vertueusement : l'une action se pourrait dire bonté ;
l'autre, vertu ; car il semble que le nom de la vertu pré-
suppose de la difficulté et du contraste, et qu'elle ne
peut s'exercer sans partie [1]. C'est à l'aventure pourquoi
nous nommons Dieu bon, fort, et libéral, et juste, mais
nous ne le nommons pas vertueux ; ses opérations
sont toutes naïves et sans effort.... Des philosophes
stoïciens, et épicuriens, il y en a plusieurs qui ont
jugé que ce n'était pas assez d'avoir l'âme en bonne
assiette, bien réglée et bien disposée à la vertu ; ce
n'était pas assez d'avoir nos résolutions et nos discours
au-dessus de tous les efforts de fortune ; mais qu'il
fallait encore rechercher les occasions d'en venir à la
preuve : ils veulent quêter [2] de la douleur, de la nécessité, et du mépris, pour les combattre, et pour tenir
leur âme en haleine. C'est l'une des raisons pourquoi
Epaminondas refuse des richesses que la fortune lui
met en main par une voie très légitime, pour avoir, dit-
il, à s'escrimer contre la pauvreté, en laquelle extrême
il se maintint toujours. Socrate s'essayait, ce me
semble, encore plus rudement, conservant pour son
exercice la malignité de sa femme, qui est un essai à fer
émoulu. Métellus, ayant, seul de tous les sénateurs
romains, entrepris, par l'effort de sa vertu, de soutenir
la violence de Saturninus, tribun du peuple à Rome, qui

1. Sans partie adverse, sans opposition.
2. Rechercher, aller au-devant.

voulait à toute force faire passer une loi injuste en faveur de la commune, et ayant encouru par là les peines capitales que Saturninus avait établies contre les refusants, entretenait ceux qui, en cette extrémité le conduisaient en la place, de tels propos : « Que c'était chose trop facile et trop lâche que de mal faire; et que de faire bien où il n'y eût point de danger, c'était chose vulgaire; mais de faire bien où il y eût danger, c'était le propre office d'un homme de vertu. » Ces paroles de Métellus nous représentent bien clairement ce que je voulais vérifier, que la vertu refuse la facilité pour compagne; et que cette aisée, douce et penchante voie, par où se conduisent les pas réglés d'une bonne inclination de nature, n'est pas celle de la vraie vertu : elle demande un chemin âpre et épineux [1]; elle veut avoir, ou des difficultés étrangères à lutter, comme celle de Métellus, par le moyen desquelles fortune se plaît à lui rompre la raideur de sa course, ou des difficultés internes que lui apportent les appétits désordonnés et imperfections de notre condition.

Essais, liv. II, 11.

IV. — De la franchise.

Quant à cette nouvelle vertu de feintise et dissimulation, qui est à cette heure si fort en crédit, je la hais capitalement, et de tous les vices, je n'en trouve aucun qui témoigne tant de lâcheté et bassesse de cœur. C'est une humeur couarde et servile de s'aller déguiser et cacher sous un masque, et de n'oser se faire voir tel qu'on est : par là nos hommes se dressent à la

1. Montaigne, qui exprime ici l'idée stoïcienne, a parlé ailleurs tout autrement de la vertu « ayant pour guide nature, fortune et volupté pour compagnes », l. 25. C'est l'idée épicurienne, plus familière et plus chère à Montaigne.

perfidie; étant duits [1] à produire des paroles fausses,
ils ne font pas conscience d'y manquer. Un cœur généreux ne doit point démentir ses pensées; il se veut
faire voir jusques au dedans; tout y est bon, ou au
moins, tout y est humain. Aristote estime office de
magnanimité, haïr et aimer à découvert; juger, parler
avec toute franchise et, au prix de la vérité, ne faire
cas de l'approbation ou réprobation d'autrui. Apollo-
nius disait que « c'était aux serfs de mentir, et aux
libres de dire vérité » : c'est la première et fondamentale
partie de la vertu; il la faut aimer pour elle-même.
Celui qui dit vrai, parce qu'il y est d'ailleurs obligé,
et parce qu'il sert [2], et qui ne craint point à dire mensonge, quand il n'importe à personne, il n'est pas véritable suffisamment. Mon âme, de sa complexion, refuit
la menterie, et hait même à la penser : j'ai un interne
vergogne [3] et un remords piquant, si parfois elle
m'échappe; comme parfois elle m'échappe, les occasions me surprenant et agitant imprémédit ement [4]. Il
ne faut pas toujours dire tout; car ce serait sottise;
mais ce qu'on dit, il faut qu'il soit tel qu'on le pense;
autrement, c'est méchanceté [5].

Essais, liv. II, xvii.

V. — De l'amitié.

Au demeurant, ce que nous appelons ordinairement
amis et amitiés, ce ne sont qu'accointances et familiarités
nouées par quelque occasion ou commodité, par le
moyen de laquelle nos âmes s'entretiennent. En l'amitié

1. « Induits » ou « conduits ».
2. Parce que cela est utile.
3. Une honte intérieure.
4. Sans préméditation de ma part, à l'improviste.
5. Vice, acte de volonté mauvaise.

de quoi je parle, elles se mêlent et confondent l'une en l'autre d'un mélange si universel, qu'elles effacent et ne retrouvent plus la couture qui les a jointes. Si on me presse de dire pourquoi je l'aimais [1], je sens que cela ne se peut exprimer qu'en répondant : « Parce que c'était lui; parce que c'était moi... »

Qu'on ne mette pas en ce rang ces autres amitiés communes; j'en ai autant de connaissance qu'un autre, et des plus parfaites de leur genre : mais je ne conseille pas qu'on confonde leurs règles; on s'y tromperait. Il faut marcher en ces autres amitiés la bride à la main, avec prudence et précaution : la liaison n'est pas nouée en manière qu'on n'ait aucunement à s'en défier. « Aimez-le, disait Chilon, comme ayant quelque jour à le haïr; haïssez-le comme ayant à l'aimer. » Ce précepte, qui est si abominable en cette souveraine et maîtresse amitié, il est salubre en l'usage des amitiés ordinaires et coutumières; à l'endroit desquelles il faut employer le mot qu'Aristote avait très familier : « O mes amis! il n'y a nul ami. » En ce noble commerce, les offices et les bienfaits, nourriciers des autres amitiés, ne méritent pas seulement d'être mis en compte...

Si, en l'amitié de quoi je parle, l'un pouvait donner à l'autre, ce serait celui qui recevrait le bienfait qui obligerait son compagnon : car, cherchant l'un et l'autre, plus que toute autre chose, de s'entre-bienfaire, celui qui en prête la matière et l'occasion est celui-là qui fait le libéral, donnant ce contentement à son ami d'effectuer en son endroit ce qu'il désire le plus [2].

Essais, liv. I, xxvii.

1. On sait que cet ami était La Boétie.
2. Comparer avec ce morceau les extraits d'Aristote, p. 111.

VI. — Savoir par cœur n'est pas savoir.

Nous ne travaillons qu'à remplir la mémoire, et laissons l'entendement et la conscience vides. Tout ainsi
que les oiseaux vont quelquefois à la quête du grain,
et le portent au bec sans le tâter, pour en faire béchée
à leurs petits : ainsi nos pédants vont pillotants la
science dans les livres, et ne la logent qu'au bout de
leurs lèvres, pour la dégorger seulement et mettre au
vent...

Mais qui pis est leurs écoliers et leurs petits ne s'en
nourrissent et alimentent non plus; ainsi elle passe de
main en main, pour cette seule fin d'en faire parade,
d'en entretenir autrui et d'en faire des contes, comme
une vaine monnaie inutile à tout autre usage et
emploi qu'à compter et jeter...

Nous savons dire : « Cicéron dit ainsi; voilà les mœurs
de Platon; ce sont les mots mêmes d'Aristote. » Mais
nous, que disons-nous nous-mêmes? que jugeons-nous?
que faisons-nous? Autant en dirait bien un perroquet.

Essais, liv. I, xxiv.

VII. — Ce qu'il faut savoir.

On lui dira, que c'est que savoir et ignorer, qui doit
être le but de l'étude; que c'est que vaillance, tempérance et justice; ce qu'il y a à dire entre l'ambition et
l'avarice, la servitude et la sujétion, la licence et la
liberté; à quelles marques on connaît le vrai et solide
contentement; jusques où il faut craindre la mort, la
douleur et la honte; quels ressorts nous meuvent, et le
moyen de tant de divers branles en nous : car il me
semble que les premiers discours de quoi on lui doit
abreuver l'entendement, ce doivent être ceux qui

règlent ses mœurs et son sens ; qui lui apprendront à se connaître, et à savoir bien mourir et bien vivre. Entre les arts libéraux, commençons par l'art qui nous fait libres : elles [1] servent toutes voirement en quelque manière à l'instruction de notre vie et à son usage, comme toutes autres choses y servent en quelque manière aussi ; mais choisissons celle qui y sert directement et professoirement. Si nous savions restreindre les appartenances de notre vie à leurs justes et naturelles limites, nous trouverions que la meilleure part des sciences qui sont en usage est hors de notre usage ; et en celles mêmes qui le sont, qu'il y a des étendues et enfonçures très inutiles que nous ferions mieux de laisser là.

Essais, liv. I, xxv.

VIII. — L'éducation libérale.

Otez-moi la violence et la force : il n'est rien, à mon avis, qui abâtardisse et étourdisse si fort une nature bien née. Si vous avez envie qu'il craigne la honte et le châtiment, ne l'y endurcissez pas : endurcissez-le à la sueur et au froid, au vent, au soleil et aux hasards qu'il lui faut mépriser ; ôtez lui toute mollesse et délicatesse au vêtir et coucher, au manger et au boire, accoutumez-le à tout, que ce ne soit pas un beau garçon et dameret, mais un garçon vert et vigoureux. Enfant, homme vieil, j'ai toujours cru et jugé de même. Mais, entre autres choses, cette police de la plupart de nos collèges m'a toujours déplu : on eût failli, à l'aventure, moins dommageablement, s'inclinant vers l'indulgence. C'est une vraie geôle de jeunesse captive : on la rend débauchée, l'en punissant avant qu'elle le

1. Art est ici du féminin, comme en latin.

soit. Arrivez-y sur le point de leur office [1] vous n'oyez que cris, et d'enfants suppliciés, et de maîtres enivrés en leur colère. Quelle manière pour éveiller l'appétit envers leur leçon, à ces tendres âmes et craintives, de les y guider d'une trogne effroyable, les mains armées de fouets! Inique et pernicieuse forme!... Combien leurs classes seraient plus décemment jonchées de fleurs et de feuilles, que de tronçons d'osiers sanglants!

Essais, liv. I, xxv.

1. Au moment de leur travail.

DIX-SEPTIÈME SIÈCLE

I. — Descartes.

1. — LA PHILOSOPHIE.

J'aurais ensuite fait considérer l'utilité de cette philosophie, et montré que, puisqu'elle s'étend à tout ce que
l'esprit humain peut savoir, on doit croire que c'est
elle seule qui nous distingue des plus sauvages et barbares, et que chaque nation est d'autant plus civilisée
et polie que les hommes y philosophent mieux; et ainsi
que c'est le plus grand bien qui puisse être dans un
État que d'avoir de vrais philosophes. Et outre cela que,
pour chaque homme en particulier, il n'est pas seulement utile de vivre avec ceux qui s'appliquent à cette
étude, mais qu'il est incomparablement meilleur de s'y
appliquer soi-même : comme, sans doute, il vaut beaucoup mieux se servir de ses propres yeux pour se conduire, et jouir par même moyen de la beauté des couleurs et de la lumière, que non pas de les avoir fermés
et suivre la conduite d'un autre; mais ce dernier est
encore meilleur que de les tenir fermés, et n'avoir que
soi pour se conduire. Or c'est proprement avoir les yeux
fermés, sans tâcher jamais de les ouvrir, que de vivre
sans philosopher; et le plaisir de voir toutes les choses
que notre vue découvre n'est point comparable à la
satisfaction que donne la connaissance de celles qu'on

trouve par la philosophie; et, enfin, cette étude est plus
nécessaire pour régler nos mœurs et nous conduire en
cette vie, que n'est l'usage de nos yeux pour guider nos
pas. Les bêtes brutes, qui n'ont que leur corps à conserver, s'occupent continuellement à chercher de quoi
le nourrir; mais les hommes, dont la principale partie
est l'esprit, devraient employer leurs principaux soins à
la recherche de la sagesse, qui en est la vraie nourriture; et je m'assure aussi qu'il y en a plusieurs qui n'y
manqueraient pas, s'ils avaient espérance d'y réussir,
et qu'ils sussent combien ils en sont capables. Il n'y a
point d'âme tant soit peu noble qui demeure si fort
attachée aux objets des sens qu'elle ne s'en détourne
quelquefois pour souhaiter quelque autre plus grand
bien, nonobstant qu'elle ignore souvent en quoi il consiste. Ceux que la fortune favorise le plus, qui ont
abondance de santé, d'honneurs, de richesses, ne sont
pas plus exempts de ce désir que les autres; au contraire,
je me persuade que ce sont eux qui soupirent avec le
plus d'ardeur après un autre bien, plus souverain que
tous ceux qu'ils possèdent. Or ce souverain bien, con-
sidéré par la raison naturelle sans la lumière de la foi,
n'est autre chose que la connaissance de la vérité par
ses premières causes, c'est-à-dire la sagesse, dont la
philosophie est l'étude [1]. Et, parce que toutes ces choses

1. Des esprits moins dogmatiques que Descartes trouvent même
que ce qui fait le prix de la philosophie, ce n'est pas la possession, mais la recherche de la vérité. Cette idée est éloquemment
exprimée par Bersot (*Libre Philosophie*) : « Ce qui importe, ce n'est
pas l'unité, c'est la vie, ce sont les mâles inquiétudes, c'est le
souci des choses spirituelles. Là où est ce souci, il va jusqu'à
purifier l'erreur; tandis qu'elle tend à abaisser et à corrompre
l'âme, il la guérit et la relève; il fait la vertu d'Épicure, de
Lucrèce et de Spinoza. La philosophie n'est pas la sagesse; elle
n'est, comme elle se nomme elle-même d'un beau nom, que
l'amour de la sagesse. L'âme philosophique n'est pas celle qui
possède la vérité, c'est celle qui l'aime. Si elle croit l'avoir, elle

sont entièrement vraies, elles ne seraient pas difficiles
à persuader si elles étaient bien déduites.

Préface des Principes.

2. — MORALE PROVISOIRE[1].

La première [maxime] était d'obéir aux lois et aux
coutumes de mon pays, retenant constamment la reli-
gion en laquelle Dieu m'a fait la grâce d'être instruit
dès mon enfance et me gouvernant en toute autre chose
suivant les opinions les plus modérées et les plus éloignées de l'excès, qui fussent communément reçues en
pratique par les mieux sensés de ceux avec lesquels
j'aurais à vivre... Et entre plusieurs opinions également
reçues, je ne choisissais que les plus modérées, tant à
cause que ce sont toujours les plus commodes pour la
pratique, et vraisemblablement les meilleures, tout
excès ayant coutume d'être mauvais, comme aussi afin
de me détourner moins du vrai chemin, en cas que je
faillisse, que si, ayant choisi l'un des extrèmes, c'eût
été l'autre qu'il eût fallu suivre...

Ma seconde maxime était d'être le plus ferme et le
plus résolu en mes actions que je pourrais, et de ne
suivre pas moins constamment les opinions les plus
douteuses lorsque je m'y serais une fois déterminé, que
si elles eussent été très assurées, imitant en ceci les
voyageurs qui, se trouvant égarés en quelque forêt, ne
doivent pas errer en tournoyant tantôt d'un côté, tantôt
d'un autre, ni encore moins s'arrêter en une place, mais

s'y attache, si elle ne croit pas l'avoir, elle la cherche, et, même
sans la chercher, il suffit qu'elle la désire. L'âme la plus philosophique est celle qui désire le plus la vérité. »

1. Descartes ayant entrepris de reconstruire tout le système de
ses idées, adopta pour la conduite de sa vie, et en attendant sa
morale définitive, les règles suivantes. Il n'a pas constitué cette
morale définitive; on en peut seulement saisir quelques traits,
surtout dans ses Lettres.

marcher toujours le plus droit qu'ils peuvent vers un
même côté, et ne le changer point pour de faibles raisons, encore que ce n'ait peut-être été au commence-
ment que le hasard seul qui les ait déterminés à le
choisir; car, par ce moyen, s'ils ne vont justement où
ils désirent, ils arriveront au moins à la fin quelque
part, où vraisemblablement ils seront mieux que dans
le milieu d'une forêt. Et ainsi, les actions de la vie ne
souffrant souvent aucun délai, c'est une vérité très certaine que, lorsqu'il n'est pas en notre pouvoir de discerner les plus vraies opinions, nous devons suivre les
plus probables; et même qu'encore que nous ne remar-
quions point davantage de probabilité aux unes qu'aux
autres, nous devons néanmoins nous déterminer à
quelques-unes et les considérer après, non plus comme
douteuses en tant qu'elles se rapportent à la pratique,
mais comme très vraies et très certaines, à cause que
la raison qui nous y a fait déterminer se trouve telle...

Ma troisième maxime était de tâcher toujours plutôt à
me vaincre que la fortune, et à changer mes désirs que
l'ordre du monde, et généralement de m'accoutumer à
croire qu'il n'y a rien qui soit entièrement en notre pouvoir que nos pensées, en sorte qu'après que nous avons
fait notre mieux touchant les choses qui nous sont extérieures, tout ce qui manque de nous réussir est au
regard de nous absolument impossible. Et ceci me sem-
blait être suffisant pour m'empêcher de rien désirer à
l'avenir que je n'acquisse, et ainsi pour me rendre content... Faisant, comme on dit, de nécessité vertu, nous
ne désirerons pas davantage d'être sains étant malades,
ou d'être libres étant en prison, que nous faisons maintenant d'avoir des corps d'une matière aussi peu cor-
ruptible que les diamants, ou des ailes pour voler comme
les oiseaux. Mais j'avoue qu'il est besoin d'un long
exercice et d'une méditation souvent réitérée pour s'accoutumer à regarder de ce biais toutes les choses; et je

crois que c'est précisément en ceci que consistait le secret de ces philosophes qui ont pu autrefois se soustraire à l'empire de la fortune, et, malgré les douleurs et la pauvreté, disputer de la félicité avec leurs dieux[1].

Discours de la méthode, 3e partie.

3. — QUE LE SOUVERAIN
BIEN EST DANS LA BONNE VOLONTÉ.

Je ne vois rien que nous devions estimer bien, sinon ce qui nous appartient en quelque façon, et qui est tel que c'est perfection pour nous de l'avoir...

... Le souverain bien de tous les hommes ensemble est un amas ou un assemblage de tous les biens tant de l'âme que du corps et de la fortune, qui peuvent être en quelques hommes; mais celui d'un chacun en particulier est tout autre chose, et il ne consiste qu'en une ferme volonté de bien faire et au contentement qu'elle produit : dont la raison est que je ne remarque aucun autre bien qui me semble si grand, ni qui soit entièrement au pouvoir d'un chacun. Car pour les biens du corps et de la fortune, ils ne dépendent point absolument de nous; et ceux de l'âme se rapportent tous à deux chefs, qui sont l'un de connaître et l'autre de vouloir ce qui est bon : mais la connaissance est souvent au delà de nos forces; c'est pourquoi il ne reste que notre volonté dont nous puissions absolument disposer[2]. Et je ne vois point qu'il soit possible d'en disposer mieux que si l'on a toujours une ferme et constante résolution de faire exactement toutes les choses que

1. On a déjà reconnu le caractère stoïcien de ces maximes, et surtout des deux dernières. Voir ci-dessus les extraits des Stoïciens.
2. C'est ce que soutenait déjà Descartes dans le *Discours de la méthode*, en disant qu'il n'y a rien en notre pouvoir que nos pensées. Ceci encore est tout stoïcien.